"SANANDO EMOCIONES"

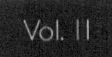
Vol. II

"SANANDO EMOCIONES"

MELY RRELINQUE

autora de la Trilogía
"Más Allá de Tu Piel"

Nota a los lectores: Esta publicación contiene las opiniones e ideas de su autor. Su intención es ofrecer material útil e informativo sobre el tema tratado. Las estrategias señaladas en este libro pueden no ser apropiadas para todos los individuos y no se garantiza que produzcan ningún resultado en particular. Este libro se vende bajo el supuesto de que ni el autor ni el editor, ni la imprenta se dedican a prestar asesoría o servicios profesionales legales, financieros, de contaduría, psicología u otros. El lector deberá consultar a un profesional capacitado antes de adoptar las sugerencias de este, la integridad de la información o referencias incluidas aquí. Tanto el autor, como el editor, la imprenta y todas las partes implicadas en el diseño de portada y distribución, niegan específicamente cualquier responsabilidad por obligaciones, pérdidas o riesgos, personales o de otro tipo, en que se incurra como consecuencia, directa o indirecta, del uso y aplicación de cualquier contenido del libro.

Este libro no podrá ser reproducido, ni total ni parcialmente, sin previo permiso escrito del autor. Todos los derechos reservados.

Título: *"Sanando Emociones"*

@2019, Mely RRelinque

Autoedición y Diseño: 2019, Mely RRelinque

formacion@melyrrelinque.com

De la maquetación: 2019, Romeo Ediciones

Ilustraciones: Rosa Prieto Rodríguez

@rosaprietodraw

Primera edición: marzo de 2019

ISBN: 978-84-17781-31-6

La publicación de esta obra puede estar sujeta a futuras correcciones y ampliaciones por parte del autor, así como son de su responsabilidad las opiniones que en ella se exponen.

Quedan prohibidas, dentro de los límites establecidos por la ley, y bajo las prevenciones legalmente previstas, la reproducción total o parcial de esta obra por cualquier medio o procedimiento, ya sea electrónico o mecánico, el tratamiento informático, el alquiler o cualquier forma de cesión de la obra sin autorización escrita de los titulares de copyright.

TESTIMONIOS

"Fascinante y transformadora historia, donde la palabra superación se queda corta ante tal magnitud. En las páginas de este libro descubrirás el verdadero valor de la vida, pues su autora sabe cómo cautivarte para que sientas, vibres y actúes hasta conseguir diseñar la vida que te mereces.

Eugene Martínez Negrín,
autora del libro *"Dedícate una sonrisa"*

"Qué grandes retos, desafíos ha llegado a superar Mely y nos los comparte a través de su trilogía "Más allá de tu piel", primer libro "Vivir, Vender, Brillar". Es un libro entrañable en el que descubrirás que cuando oyes la llamada, la voz de tu alma, no hay nada y nadie que te pueda detener. Gracias, gracias, gracias, Mely, por todos estos testimonios, canciones, vivencias que son la esencia misma de lo que somos de verdad."

Geneviève Nieto,
autora de la trilogía *"Un nuevo amanecer"*

"Sanando Emociones" es un canto a la Vida y a la infinita capacidad que tenemos todos los seres humanos de superar lo que nos acontece. La autora nos conduce a través de su propia experiencia personal en la comprensión de que tú puedes cambiarlo todo. Gracias, Mely, por tan maravilloso regalo.

Marc Tarragona Medina,
autor de "Respiración Consciente"

"Es la primera vez que he escuchado "me he curado de fibromialgia", y eso me ha invitado a leer la trilogía de Mely, y sobre todo por la fuerza que transmite que es totalmente creíble."

Juan Haykus. Haykus.

"Lo que salva a un hombre

      es dar un paso.

           Luego otro paso"

                 Antoine de Saint-Exupêry

ÍNDICE

Testimonios de lectores	9
Un regalo especial, a mi madre	17
Agradecimientos	21
Prefacio del Autor	27
Prefacio	31
Bienvenido de nuevo, amigo	35
Saltémonos preámbulos	45
Capítulo 1: Tú mismo, tú misma	49
Capítulo 2: El camino interno	55
Capítulo 3: Emociones. Origen. Señales	61
Capítulo 4: Y apareció la fibromialgia	67
Capítulo 5: Ser conscientes y valientes	83
Capítulo 6: Mis principios aprendidos	91
Testimonio de Corazón al Perdón, por Andrés Olivares	103
Capítulo 7: No calles tu voz	107
Capítulo 8: Me llamo Mely y me he curado de fibromialgia	113

Capítulo 9: Adiós	121
Capítulo 10: ¿Vivir?	133
Canción "Corazón", del Grupo musical Siempre Así	135
Capítulo 11: Pero ¿qué es la salud?	139
Testimonio de mis doctores	143
Emociones en el diagnóstico, por Dr. José Antonio Ortega	143
El cuerpo refleja lo que tienes, por Dr. Justo Sansalvador	147
Fibromialgia: por el Dr. Manuel Blanco	154
Capítulo 12: Aguas turbulentas	157
Mente fantasma	160
¿Y tú, Te amas?	162
Capítulo 13: GRACIAS, Doctor Sansalvador	167
Capítulo 14: Mens sana in corpore sano	171
Capítulo 15: Sana Soledad	175
Capítulo 16: Presión: ¿De dónde y cómo?	183
Despierta, conciencia, por Elena y Justo	188
Capítulo 17: Habla el psicólogo: Tips para hacer las paces, por Patricia María García, Psicóloga oncológica	191
Conclusiones	201
Acerca de Lain García Calvo	209

Mi tercer libro   213

Embajadores y Contribución
a Fundación Emalaikat   215

UN REGALO ESPECIAL
A mi madre.

Mi regalo en primicia para ella, el día de su ochenta cumpleaños, un 22 de septiembre.

Este Libro nace precisamente en la misma fecha que naciste mamá. ¡Quién nos lo iba a decir!

Gracias por tus superaciones.

Por no cansarte de Vivir y crear tu propia realidad, la que tú eliges cada día.

Sin más palabras y con este abrazo especial de tu hija "la de en medio", la "imparable", la "incorregible" y la "madrera", como tú me llamas.

Gracias por todo, mamá.

Preparando este segundo libro, me encuentro con este dibujo que pintaron mis hijos cuando tenían 3 y 4 años de edad.

Hoy, a sus 22 y 23 años, sonríen al ver esos personajes creados por la visión de su realidad de entonces.

El mundo, reflejado en ese círculo color azul donde estamos cada uno.

Y en nuestras manos, sosteniendo el poder de color morado, que representa la MAESTRÍA en la vida, y el ser humano conectado al Sol de color AZUL que curiosamente representa la MENTE, según expertos.

A mis hijos, coloreando la Vida con FE para CREAR y CREER todo aquello que ALCANZA.

AGRADECIMIENTOS

♥ A MIS HIJOS

Gracias por acompañarme en esos momentos, tiempo de rehacer que los tres vivimos.

Gracias por expresaros como hijos, por creer que yo lo podía todo; a veces suponía una exigencia para mí y ello me mantenía siempre activa.

Gracias por creer que yo era una superwoman cuando me mirabais como si en mis manos estuviera todo aquello que parecía inalcanzable, y anteponiendo mi salud por ver vuestra sonrisa daba hasta donde yo podía como humana, porque de súper no tengo más que el AMOR y mi entrega desmesurada.

Y cuando no estaba a mi alcance, la heroína se desvanecía y ello me hacía ser más vulnerable para darme cuenta de mis limitaciones, aprendiendo a no exigir tanto a los demás, ni a mí misma, para empezar.

Desde la enseñanza del amor incondicional y la paciencia saludable, gracias por estar, con vuestra madre, con el único poder de amar...

♥ AL AMOR

Único Poder de Sanación.

Amor como Magia capaz de dar sentido a la Vida.

Amor de Amigo, de madre,

Amor sin condiciones.

Gracias por reconstruirme y hacerme valer.

Y a Ti, por cuidarme en silencio y creer en mí en cada momento.

🖤 AL SILENCIO

Sí. Gracias al silencio que tanto me habla. Quizás es allí donde se empieza a sanar, donde nadie ordena qué hacer, qué asumir y hasta dónde aguantar. Gracias al silencio.

Como diría el budista y escritor Thich Nhat Hanh en su libro "El Silencio":

"si no te escuchas profundamente a ti, no podrás escuchar profundamente a los demás: El poder de la quietud en un mundo ruidoso"

🖤 A MIS AMIGOS

Gracias a los amigos que permanecen y a los nuevos que surgen en nuevas etapas que llegan al encuentro de un modo increíble.

De cada uno aprendo, de cada forma de pensar de sentir, de vivir, de actuar. De cada sí y de cada no, para vivir sin apegos, con el cariño que los amigos como joyas son imprescindibles en este camino de la vida.

Gracias, amigos, amigas, ya sabéis quiénes sois....

♥ A MI MADRE Y A MIS HERMANAS

En esta nueva etapa, gracias por haber sido comprensivas aun sin entender el trasfondo de mi proyecto como emprendedora.

Gracias por la preocupación a la que os hice llevar en momentos claves de salud. Y gracias por creer en mi fuerza a pesar de...

Gracias Laly, Mara, mamá, por estar.

Gracias por permitirme este tiempo para ello.

Mis Éxitos serán vuestros en la promesa que hice a quien me da la Fuerza para poder compartir, único sentido que encuentro al Éxito.

♥ A MI MENTOR, a todos los mentores

De nuevo gracias a Lain García Calvo por este movimiento de #VUÉLVETE IMPARABLE que has creado para que lleguemos a nuestros sueños, aun sabiendo que no iba a ser ni será fácil, como cualquier GRAN desafío como PRÓPOSITO para un Bien Común. Aprendemos a gestionar, a saber dónde está el secreto y a callar esa mente inquieta para realizar nuestros sueños.

🖤 A LOS DOCTORES Y EJEMPLOS

Gracias al Dr. Blanco, especialista en fibromialgia, quien me detectó esta enfermedad fantasma.

Al Dr. José Antonio Ortega, jefe de oncología de Quirón de Málaga, quien siempre tiene respuestas y empatía necesaria desde el lado humano; gracias por colaborar con su testimonio del trato al paciente en este libro.

Al Dr. Justo Sansalvador, especialmente por su ayuda en estos años dedicados a "cambiarnos las ondas", llevándonos al Origen de uno mismo con su tratamiento de frecuencias de energía. Gracias a Elena Sye Weny por su afán de facilitar siempre el encuentro, y por las palabras que el doctor dedica según el testimonio de mi renacer en estas páginas.

A ellos, a mis mentores que me antecedieron en libros, y a los doctores, les debo la información clara, pero sobretodo el trato que un paciente busca y encuentra al otro lado cono ese punto de luz.

Ahí comienza el tratamiento verdaderamente pues quizás en las carencias de salud hay algo de carencias de amor. Clientes llamados pacientes, pues con paciencia y voluntad se consigue.

Y a quienes no creyeron en mí.

A quienes me juzgaron por mi apariencia, gracias porque me hizo reflexionar y crecer un poco más.

Somos espejos unos del otro.

Gracias...

PREFACIO DEL AUTOR

De manera parecida al primer libro, presentaré anécdotas o más bien situaciones que ejemplifican la experiencia de lo que viví para llegar hoy a poder compartir contigo la fuerza que hay en nosotros mismos, la dignidad y el derecho de uno mismo en la búsqueda de la FELICIDAD.

Y a mí ya me conoces, tal como me presenté en mi primer libro.

Soy Mely Rguez Relinque, nací hace cincuenta y un años y en esta foto que ves, comencé hace un año a emprender un nuevo camino, lleno de vértigos pero con la ilusión de ofrecer mi mejor versión, empezando con la sonrisa, que jamás se ha de perder.

Amante del respeto.

De la dignidad a uno mismo.

Amante del conocimiento y del descubrimiento por encima del prejuicio.

Creyente y practicante de la FE, como hijos de un Dios, UNIVERSAL, desde la Libertad y el AMOR.

Donde todas las religiones merecen mi respeto y de todas ellas aprendo y también adapto a mi vida.

A través de lo que he vivido, tanto en mi trabajo como en mi vida personal y en las enfermedades superadas, me veo con el **propósito de animarte a no tirar la toalla, no desistas.**

Vas a presenciar experiencias de testimonios sobre cómo se reinicia una persona, la búsqueda de la estabilidad profesional y personal, a qué se enfrentan y qué EMOCIONES superan en esos desafíos donde la SALUD también es protagonista de esos retos.

Testimonios de doctores, cada uno en áreas profesionales distintas pero por supuesto con la visión de expertos en medicina para aportar credibilidad a mis palabras y experiencias superadas.

Si estás en ese momento que te cuesta salir adelante en tu trabajo, porque afecta al equilibrio, o en tu vida personal que minimiza tu fuerza, sea por alguna razón de salud, emocional o de autoestima, quiero que pienses que a todos alguna vez nos ha pasado.

Quizás es la manera que tiene Dios de preguntarnos "¿A dónde vas?, ¿qué quieres?, ¿crees en ti? ¡Demuéstralo!"

Es en esa etapa cuando vas a encontrarte con tu sexto sentido, ¡¡no lo postergues, ahí comenzarás a reconocer la fuerza que hay en ti!!

Cuando solo tú eres capaz de reconocerte y enfrentarte.

Tras un ENTRENAMIENTO que llamamos PRUEBAS. Visto de este modo, comenzarás a enfrentar las circunstancias mucho mejor que desde otro lado que nos sacuda. ¡¡Ya verás cómo superándolas tras ese entrenamiento la vida te concede una oportunidad que jamás imaginabas!

Prepárate, respira, sonríe y adelante, estamos todos en la misma "órbita".

No importa la edad, la cuenta bancaria, las murallas que te encuentres, las despedidas del camino.

Te lo cuenta una mujer de a pie, que se hace a sí misma, para que tú también creas que aunque ya no estés en lo alto, entendiendo por situación de seguridad, siempre se puede empezar. Quizás a solas, o de la mano de otras personas, quizás ahora, con quienes menos buscan tu interés y sí tu aprecio y amor incondicional verdadero.

En la soledad del guerrero, sigue... solo sigue, con FE.

Como si no hubiera otra salida... Atrévete a descubrir más allá de tu piel y ¡EMOCIÓNATE... porque me emocionas!

Y recuerda siempre SONREÍR.

PREFACIO

✧ El propósito era hacer una Trilogía

<u>¡Y ya es una realidad!</u>

Me propuse, por encima de esas tardes de verano, de esos viajes, de esos paseos o de esas reuniones con amigas, que cambié o aplacé por invertir en descubrirme y descubrir que la Vida se conforma de algo más que dejar pasar mientras esperamos que "el universo" nos dé otra oportunidad, o nos traiga a domicilio mejores posibilidades.

Una soledad de Verano, de Otoño y de Invierno para este nacimiento. Seis meses, tres libros que salen con olor a Verano en Navidad. Con esas esencias que acompañarán a estos libros con aromas para anclar la palabra a los **sentidos.**

Vista, con ilustraciones y Fotografías realizadas por seres especiales, donde se nota el alma.

Tacto, con el papel cuando pasamos página y avanzamos.

Oído, con canciones que invito a seguir de fondo a las lecturas para vibrar en alegría y calma.

Olor a libro, a páginas que nos recuerdan tantas enseñanzas a lo largo de nuestra niñez hasta ahora.

Sabor, deseo que dulce, tras los sentimientos que te pueda generar el gusto de las palabras. ¡Porque para gusto... los colores!

Deseo de todo corazón, pues así lo he escrito, que este Segundo Libro lo disfrutes con SALUD, pues es el Área que en la vida rodea todo, después del AMOR.

En el primer libro, te descubrí que todos somos vendedores, y cuál fue el origen de trabajar de cara al cliente, las **VENTAS**, entiéndase como "Trabajo" o medio de alcanzar los objetivos económicos con técnicas, ejemplos y anécdotas que comparto en la experiencia, desde que empecé con veinticuatro años, hasta hoy. Situaciones de cómo **ALCANZABA RESULTADOS**, y fidelizaba a los clientes, del mismo modo hasta el ascenso a Store Manager de una firma multinacional y su final tras 25 años de actividad plena.

En este mi segundo libro, te hablaré de **SALUD** y superación interior. Por poner un ejemplo real, te explicaré cómo, en mi caso, **conviví, trabajando** y llevando a mi familia para adelante con una enfermedad crónica. Especialmente la fibromialgia, enfermedad reconocida como incurable. Yo hace más de diez años que le **dije ¡¡ADIÓS fibro qué??Testimonios de médicos y** mi propio doctor internista nos ayudan a encontrar luz.

Y en el tercer libro, **"Contando Sueños"** desde el renacer como empresaria, con **Entrevistas a personas de**

ÉXITO conocidos que nos contarán los **pasos que siguieron hasta alcanzar esas RIQUEZAS** que obtuvieron de la nada. Cómo vive una ejecutiva "eso de estar en la cola del desempleo" y ese mal llamado "paro" ha sido la pregunta que más me han hecho en mi nueva etapa, y es por ello que lo compartiré para guiar a personas que de repente se ven en esa situación: **Cómo en un año y medio me convierto en empresaria y asesora** de Formación a equipos, con anécdotas hasta la publicación de esta **trilogía**.

BIENVENIDO DE NUEVO, AMIGO

✧ ¡Pues ya estamos en un nuevo libro!

Querido lector, como sabes, este proyecto, nace de "La Voz de Tu Alma", que da título a la saga de su autor Lain García Calvo, mentor del grupo de *Best Seller* donde me incluyo, entre otros que lidera a nivel internacional.

Ya estamos en el segundo libro de la Trilogía "Más allá de tu piel", y espero que el primer Volumen "Vivir, Vender, Brillar" haya llegado a despertar al mejor vendedor que hay dentro de ti como objetivo en todas las áreas profesionales.

Este libro nace en septiembre: nueva estación, nuevos propósitos del curso escolar, regreso de quienes tuvieron vacaciones, nuevos cambios que se aceptan cuando la visión de ESTRENAR alienta el camino.

Viviendo los proyectos convertidos en hechos, como un nacimiento que supera la ficción porque nada es tan real como lo que creas después de haberlo creído, como bien pensaba Walt Disney.

Este verano que llegó a este otoño decidí invertir mi tiempo a este encuentro único en la vida que es estar día a día contigo mismo: ESCRIBIR para ti.

✧ PROPÓSITOS

"Hay tres cosas que cada persona debería hacer durante su vida: Plantar un árbol, tener un hijo y escribir un libro", como dice la famosa frase de José Martí, escritor y político cubano, precursor de la independencia de su país (1853-1895).

Quizás las tres cosas tienen en común la GESTACIÓN.

La INVERSIÓN del TIEMPO, esa entrega por adelantado sin saber a ciencia cierta qué nacerá o si esa entrega dará sus frutos.

La PREPARACIÓN con que organizas cualquier evento de gran índole que marca un antes y un después.

Para las tres acciones, hace falta sobre todo AMOR, Voluntad y FE.

Haber llegado al segundo Libro, concretamente a este que me ha causado desnudar mis emociones, volver a revivirlas y gestionarlas de nuevo, ha sido tarea ardua, donde me he encontrado con una soledad de dos meses, en compañía conmigo misma, valga la metáfora. En ese tiempo, me he conocido mejor, me he enriquecido y he dedicado más horas a mí misma que en los cincuenta y un años que tengo, a punto ya de cumplir los cincuenta y dos.

Me he encontrado a una niña, observadora, obediente y retadora a la vez, o caprichosa para otros. He descubierto cuándo solté a esa niña y cuándo empecé a ser la joven con moldes para los demás.

He perdonado a esa mujer llena de culpas, de miedos, de falta de merecimiento e ilusiones que un día se autocastigó al buscar la libertad.

He descubierto también, en estos meses, que nos sorprenderíamos todos si paráramos el mundo y nos dedicáramos a oírnos, a aliviar esas heridas, a abrazar esos triunfos, cuando quizás nunca lo hicimos.

¿Sabes? Es un gran ejercicio escribir un libro. Ahora sí, prepárate porque "te curte" la piel y el alma.

¡He encontrado el SER!

Encontrarte a solas, significa reconducir oportunidades, abrir los ojos desde lo alto de una duna, de un monte, donde lo ves todo desde fuera, como la historia ya pasada fuiste en la que protagonista y no te diste cuenta.

Protagonista y creador de todo cuanto te sucedió.

Es ahora, al haber escrito este segundo libro "Sanando Emociones", donde comienzo a adoptar como Filosofía de Vida el "Principio del Autoempoderamiento" que será el "modus operandi" de este libro y del siguiente " Contando Sueños".

Quiero que entiendas que el autoempoderamiento del que hablo está basado en el buen sentido de la palabra: no como movimiento de género ni político, ni siquiera empresarial.

Es todo más fácil. Desde el Silencio, desde ese cambio absoluto, así como los monjes se aíslan, tú puedes "aislarte" en medio del caos, de las rutinas, de los proyectos, con un compromiso:

✧ ENFOCARTE en DESCUBRIR QUÉ QUIERES TÚ.

→ Requiere de bastante concentración.

→ Zona de confort ausente ya en esta fase.

→ Tentaciones abordadas y superadas.

→ Emociones sin receso.

Y al final.... la mejor recompensa: CONOCER a la persona que hay dentro de ti, del mismo modo que cuando conoces a un nuevo AMIGO. ¡Y qué poco nos valoramos!... Es sorprendente. Yo creía que me conocía, ¿sabes?. Y lo que hacemos es adaptarnos al molde que hemos ido adquiriendo para encajar sin darnos cuenta en una sociedad, en una creencia, en un estilo.

Al haber estado durante 60 días, madrugadas y noches en contra del ritmo habitual, yendo y viniendo del pasado al presente, evaluándome y extrayendo el aprendizaje de cada experiencia que suponían desafíos y superaciones, es cuando he reconocido dónde estaba el origen de algunos desórdenes. AHORA sé cómo se puede llegar de un modo más inmediato.

Agendar tu PROPÓSITO con la LEALTAD de ser FIEL a esa META. Parar en el SILENCIO oportuno, como regalo y VALORAR cada señal de debilidad es uno de los primeros pasos antes de continuar para buscar solución y fuerza fuera. Algunos lo llaman Resiliencia.

"La Resiliencia es la capacidad de hacer frente a las adversidades de la vida, transformar el dolor en fuerza motora para superarse y salir fortalecido de ellas. Una persona resiliente comprende que es el arquitecto de su propia alegría y su propio destino".

Me explico: Si tienes un anhelo, una meta, un sueño, un proyecto sea amoroso, económico, profesional o de salud, has de saber que es TODO o NADA. No hay medias tintas.

✦ Se PUEDE conseguir. Y se DEBE.

Con el LUJO DE EMPODERARTE, sabiendo que tendrás que descartar opciones, porque no puedes estar "en misa y repicando". Porque para conseguir A tienes que ir por el camino A, como dice el doctor Justo Sansalvador Reque.

He visto gente caer por no querer salir de la zona de confort en este proyecto que Lain García Calvo lidera. He visto cómo muchos "perdían el tiempo" enfocándose en otras cuestiones ajenas a escribir un libro. He visto cómo muchos se distancian de tu lado y he visto cómo "me ven los demás" en ojos de los demás, he reconocido el aliento del amigo y las críticas fáciles ajenas.

Pero lo mejor de todo ¿sabes qué es? VER cuánta fuerza hemos construido un grupo de Almas Imparables de todo el mundo. En un grupo que no ha habido fronteras y que los desafíos se compartían para animarnos. "No vengas a hablarme de fracasos, yo hablo de esperanza", como dice Lain. El leiv motiv era compartir ese verano sin salir, trabajando duro, con problemas técnicos informáticos, con fechas cerradas para escribir, editar crear tus perfiles publicitarios tú solo... y aun así la ALEGRÍA de saber que lo íbamos a conseguir.

Eso... es el fruto de haber arriesgado y créeme, querido amigo, querida amiga, **merece la alegría**: demostrado.

Escribir es jugarte una carta: Tu integridad. Y estar preparado a las críticas, como parte de ese "desfile" por la pasarela.

Como medio a mi PROPÓSITO de vida uso la Voz escrita, doy palabra a esas Emociones que todos debemos OÍR. Y en ellas se hace la FUERZA INTERIOR capaz de superar más allá de diagnósticos, tratamientos, pronósticos, probabilidades, objetivos, cifras....

TODO*ES*POSIBLE

Por experiencia propia, y porque así decidí, te cuento cómo se llega a la superación de acallar, por ejemplo, una enfermedad crónica severa como tuve que desafiar.

O cómo puedes reconducir un día de oscuridad hacia otra vibración.

Llegué hasta aquí, sin saber cómo lo iba a hacer. Y aun así lo hice, creando antes en mi mente el Éxito de formar parte del equipo de Lain García Calvo, mentor número uno de habla hispana mundial y escritor *Best / Long Seller*.

Mi PROPÓSITO, desde luego, es compartir contigo y hacerte ver que tienes el PODER de escuchar a tus EMOCIONES en pos de mejorar tu vida, tu SALUD y en definitiva, SER TÚ en el reflejo de esas conductas.

Hay muchísimos libros de superación, de autoayuda, de técnicas, pero yo no he querido hacer una copia de ellos, por cierto bastante buenos. He optado por ser yo MISMA el testimonio de momentos en vivo y en directo que vais a ver, y cómo reconduzco esa energía.

Algunos de mis amigos pudieron ver cómo en un día oscuro, me vestí de blanco para ir a recitar unos poemas en el Museo Rando de Málaga, ofreciendo mi mejor versión en un día que amaneció sin vistas claras. Técnicas reales, probadas y demostradas "más allá de mi piel", como he querido llamar a la Trilogía.

"La fuerza no viene de la capacidad corporal, sino de la voluntad del alma".

Mahatma Gandhi

Espero y deseo que disfrutes entre todos los tesoros de los testimonios presentes en estas páginas de tantos colaboradores que hacen eco de sus palabras aquí, en su casa de papel **"Sanando Emociones"**.

Vamos a adentrarnos en este mundo de RIQUEZAS, donde la principal JOYA eres tú. Solo tú.

Gracias, amigo lector, por seguir en este segundo puente que cruzamos y que nos lleva a ver la SALUD con otro paisaje para mejorar nuestra vida, como IMPARABLES que somos todos.

✧ En los desafíos…. la Magia y la Gratitud

Siempre hay que dar Gracias sobre todo cuando has aprendido que en el camino de los desafíos ocurren cosas mágicas, personas que aparecen como regalos de Dios, para hacerte la vida más fácil.

No sé si el haber nacido un cinco de enero, víspera de los Reyes Magos, me hace ser más espiritual aun habiendo estado en el foco más profundo del puro materialismo donde las riquezas se descompensaban con mi vida, y es esa visión espiritual la que me hace mantener los ojos en el cielo con los pies en la tierra.

Como digo yo, no hay que estar ni en un extremo ni en el otro, ni adoptar una vestimenta distinta por ser espirituales, ni decir lo que no sientes. Y tan rico es estar entre los ricos aprendiendo como de los más necesitados, aprendiendo aún más. Tuve la suerte de ver los dos lados MUY CERCA. Y ambos lados son parte de Dios, si su corazón lo está y si la integridad y el uso de sus bienes están compensados para bien de todos.

Esa estrella mágica me recordaba siempre que el lujo son las personas, y que en cada una debía haber algo grande. Y así fue. Supe reconocer en cada una la verdadera riqueza: El lujo está en ti, en tus **EMOCIONES**, que me emocionan y me sanan.

"Gracias a la vida, que me ha dado tanto", como dice la letra de aquella hermosa canción. Me dio a las personas que son mis joyas, con quienes escribo cada capítulo de mi vida, aconteciendo despedidas porque la vida se las lleva y vienen otras nuevas que, lejos de reemplazarlas, aportan luz en mi camino.

Gracias a la vida porque cada día tiene su avatar y su grandeza, aprendiendo a escribir los renglones rectos, y en cada rúbrica del día surge la esperanza.

Solo tienes que estar atento.

INTRODUCCIÓN
Saltémonos preámbulos

... Y sigamos juntos en esta aventura llamada **VIDA**.

La vida, como te conté en el primer libro "Entre la Vida y la Venta" está llena de infinitas enseñanzas, que solemos llamar **DESAFÍOS.**

Al igual que esas estrellas en la oscuridad que ves cuando al final del día miras al cielo buscando ese **RESCATE,** ese encuentro a muchas preguntas que se responden, ¡a veces con más preguntas aún!, y termina con una oración a modo de plegaria.

Y entonces, en el silencio, te desnudas del cargo, de la imagen que pretendes mostrar, y eres consciente de la pequeñez en un mundo inmenso donde cada día repites las mismas secuencias.

Llegas a casa, suspiras, por el día duro, vas quitándotelo todo, con quejas y lamentaciones, buscando la comodidad... "por fin, otro día menos", piensas... Y esto realmente es lo que va matando tu salud.

¿Cuántas veces has dicho adiós a un día largo, deseando que pase y al día siguiente al despertar has vuelto a la misma dinámica: "Dios mío, otro día MÁS, dame fuerza para seguir"? En esa FUERZA de lamento estás arrastrando un vicio en el que la Salud física y emocional puede llevarte a resultados muy negativos.

Después de muchos años supe darme cuenta de las frases, gestos, pensamientos, prejuicios, amenazas o quejas que te comen la Salud. No es algo que te enseñan en casa.

Gracias a que cada día esto es demostrable, gracias a técnicas de PNL (Programación Neurolingüística), que nos ayudan a desaprender y adoptar el uso de la palabra para la salud emocional, podemos dar esa vuelta a vicios que por desconocimiento atraen negativas emociones.

¿Que no sabes lo que es PNL?... ains... Te explico brevemente, porque aunque se trata de que salgas de la zona de confort, también creo que debemos ser facilitadores en emocionar y atraer curiosidad:

A mediados de los años 70, nacen en Estados Unidos de manos de dos psicoterapeutas unas técnicas basadas en métodos y técnicas para aplicar a la vida cotidiana sobre el uso positivo de la palabra. Está comprobado que dependiendo cómo uses las palabras, el sistema nervioso actúa de un modo u otro y por tanto las reacciones y resultados irán en función de ese sistema Neurolingüístico-programado.

El Universo está lleno de ENERGÍA. Por tanto, somos energía, Recuérdalo y compruébalo.

¿Acaso no hay personas que te dan más energías que otras?... ¿Acaso no has sentido un chispazo al rozar a una persona? No lo digo de modo romántico, que también, sino que literalmente te da un calambrazo ¡¡¡**Es la ENERGÍA!!!**

Somos seres materiales y espirituales, no lo olvidemos. Potenciar ambas áreas nos EQUILIBRA. Pero por favor, sin perder la cabeza. Una locura... cuerda, como yo digo. Aunque entre la cordura y la locura, ¡prefiero la locura! ¡¡ES MAGIA!!

Mely RRelinque

CAPÍTULO UNO

Tú mismo. Tú misma

"Confía en ti mismo. Sabes más de lo que crees que sabes".

Benjamin Spock

En una de las meditaciones que viví en el Evento que Lain García Calvo lleva a cabo de "Vuélvete Imparable", en Barcelona en mayo de 2018, hicimos la reflexión de perdonarte a ti mismo/a, de encontrarte con tu niña/o interior. Consistía en abrazar tus culpas, tu dolor, analizar cuándo dejaste de ser tú... y me vi en un escalón de una casa, jugando con mis muñecas, esperando que mi madre viniera a por mí.

En esa visión, veía a mi madre trajinando con las tareas de casa, y me dijo "siéntate aquí y no te muevas", y allí me quedé, hasta que volvió y me llevó con mi hermana mayor. Entonces, en esa visión, mi hermana María del Mar, la pequeña de las tres, aún no había nacido.

En esa visión sentí protección y búsqueda.

Curioso... sigue estando en mí esa sensación.

¡Mi madre agarrándome del chaleco y mi hermana Laly sujetándome también!

Debía ser un "bichito" como me decía mi padre: "un bichito de luz", ¡¡imparable ya!! Sería que en mi subsconsciente quedaría "Mely, quédate quietecita ya"... o buscaba quizás amor... Qué guapa mi madre...

En esa meditación, luego ibas viendo tu crecimiento, cómo eras de niña, de más mayor, tu adolescencia, tu juventud, hasta llegar a esta edad actual. Y veías cómo esa niña despierta, pizpireta, se iba acallando, moldeando, ¡siempre "ocurrente"!, eso sí, pero más, medida... hasta convertirse en tímida...

Hay que ver cómo vamos cambiando y de la inocencia a la quietud, dependiendo qué haya afectado en tu evolución.

✧ ¿Recuerdas cuando eras niño, niña?

En mi caso, a medida que crecía, también lo hacía mi timidez, complejos de niña, que por algún motivo me creía menos que las demás. Siempre tenía un muñeco en mis manos, o un bolso, algo "a que agarrarme"...

Y aquí, con mis hermanas, Laly y María del Mar. Tiempos felices, sin duda.

Fue en mi infancia cuando creció mi sensibilidad también por ver más allá, aunque según mi madre "era muy caprichosa", y yo le digo que era rebelde, o sentía que iba por "libre", pero eso sí, muy apegada a mis padres, me sentía cuidadora.

En estos momentos, viendo la fotografía, tengo el impulso de tomar un tren a Sevilla, y estar junto a mi madre y ver a mis hermanas. Las echo mucho de menos, y el teléfono cada vez me gusta menos.

No sé si te pasará a ti también, que a medida que vives situaciones complejas y las resuelves, más valor das a las cosas y menos importancia a otras que alguna vez perdimos hasta los nervios en ellas.

¡¡Y no son los años cumplidos, sino los vividos!!

¡¡Quiero pensar que esto sea signo de madurez, a estas alturas de la película!!

En el origen de nuestra infancia converge todo. Es crucial cómo se forja un carácter y cómo años después lo desarrollamos de tal manera que nuestra personalidad se va haciendo según esos patrones, aunque en el fondo un día llegas a comprobar que tú tenías tu propio "sello", por así decirlo.

Cuando empiezan a compararte "en eso sale al padre" y "en eso otro a la madre", y a veces, yo me veo a mí misma y digo: "pues yo no me parezco a nadie en este sentido, por ejemplo, de la creatividad"... y es cuando entre otros momentos cuando sientes que TÚ eres TÚ...

¿Tú crees que crecemos queriendo imitar a nuestros padres? O más que querer imitarlos... ¿llegamos a adoptar esa mentalidad, esos pensamientos, ideología que ellos tenían? ¿Hasta qué edad nos damos cuenta de que somos nosotros mismos?... Y entonces, claro, empezamos a rebatir opiniones, y "esta niña se sale de lo habitual"... o "siempre lleva la contraria"... y así, por no dar disgustos, o bien te callas y sigues la corriente o bien te "revolucionas".

Realmente esto es de psicología.

Cuando no encajamos muchas veces, ya sea en el trabajo, con los amigos, en el entorno o en la situación concreta, según lo que vengo observando es debido a querer contentar a todo el mundo, y entonces ese moldearnos, va en contra de nuestras EMOCIONES, estados de ánimo y por tanto se refleja en la Salud.

Cambiamos con el tiempo, nos trabajamos. Personas que somos muy impulsivas, aprendemos a pensar antes de contestar, sobre todo después de retar a la impaciencia que nos dicta "venga, pronto, ya"... Importantísimo el hacer las cosas YA, con un antes de planificación en resultados.

Ya queda poco para entregar mis libros a la editorial, y he de seguir aquí, concentrada "retirada del mundo", para entregarlo en la fecha que me han pedido y pronto lo vea impreso. Tengo que ser paciente.:)

CAPÍTULO DOS

El camino interno

"No puedes elegir cómo vas a morir o cuándo. Solo puedes decidir cómo vas a vivir. AHORA".

Joan Báez

De pequeña, mis notas escolares nunca habrían sido mención de destacar, a pesar del esfuerzo que ponía en concentrarme pues sí, era muy responsable y hacía todo con meticulosa dedicación. Una letra preciosa, limpia, que todas mis compañeras querían copiar, unas manualidades llenas de detalles, me encantaba pintar y crear. Reflejo de la sensibilidad de quienes no avanzamos tan rápido como otros, pues los detalles nos pierden.

Entre mis compañeras no era líder, sin embargo, sí era gran amiga de todas y cuando estuve muy enferma a mis doce años con una hepatitis que me postró durante cuatro meses en la cama, recibía llamadas del colegio, de las niñas de mi clase e incluso las monjas que iban a visitarme a mi casa.

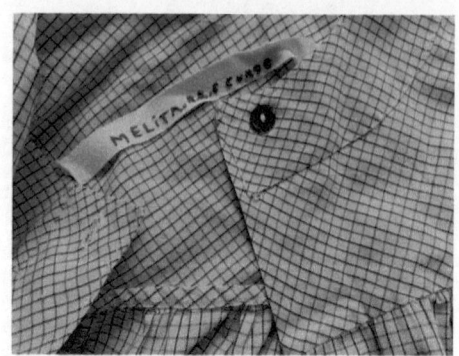

Se podría decir, que fue entonces, cuando me topé con la enfermedad de frente, una Hepatitis (que aún ni me he enterado qué tipo era, ni me quiero enterar) y cuando la etiqueta de "débil" marcaba la preocupación de mis padres a no gastar energías más que las precisas.

Debido a tanto tiempo sin poder ir al colegio, aislada en mi habitación ante el temor de contagiar a quienes entraran a verme, mis días se resolvían leyendo y escribiendo un diario que hubiera dado la vida por tenerlo entre mis manos ahora mismo. Pero recuerdo el fondo del mismo...

Aún tengo asociado el olor y sabor de los "Donuts" de azúcar y los "Krispis" diarios en mis desayunos. El olor a vinagre cuando me curaban las "pupas" y el ruido al fondo de las visitas en el salón de casa. La mente... cómo recoge las sensaciones...

Recuerdo que ya, en mi mente, me decía a mí misma: "Mely, vas a salir de esta", y entre mi madre y la señora que iba a casa a ayudar con las tareas domésticas, me agarraban una de cada brazo para que yo pudiera andar, pues perdí quince kilos en un mes. Una niña de doce, trece años, imagínate...

Y miraba desde mi ventana las torretas de la Plaza de España, que al fondo podía ver, desde mi casa en Sevilla y que mi hermana Laly me ha enviado especialmente, para publicarla aquí.

Verme así me daba una pena tremenda, imaginaba que si me moría, me iba a perder muchas cosas, que yo quería ser madre algún día, pues jugar con muñecas era mi pasión.

CUIDAR. Y ver el cielo...

Esa era mi pasión.

¡CUIDAR me motivaba!, tiraba de mí.

Y fue la primera vez que, a mis doce años, descubrí que cuidar de mí abriría todas las posibilidades para hacer el resto.

Gracias a la fuerza, a la FE, al cuidado de mi madre, obsesionada y preocupada por mi aspecto hepático, y gracias a las ganas de asomarme a la vida, recuperé las fuerzas antes de lo previsto. Mi madre aún lo cuenta como un milagro... Tiene razones para pensarlo. Y yo también. ¡Un beso al cielo!

Es así como el poder interior, en silencio, empezó a nacer en mí.

Y quería demostrar que yo era fuerte, y no esas etiquetas que me debilitaban. "no hagas esfuerzos, que puedes recaer", "no comas esto, que te puede sentar mal...", O sea, era un "yo soy menos que nadie y no puedo esforzarme más porque me puedo caer".

Por entonces, no se escuchaba hablar sobre control mental, ni superación. Pero yo sentía algo especial en mí. Nunca lo comenté. Era mi rebeldía lo que se confundía por "niña caprichosa".

La misma fuerza que cuando a mis treinta y cinco años me diagnosticaron fibromialgia crónica y decidí terminar con ella. Esto no iría a ser lo que terminara conmigo. Aún no era el momento.

Cada experiencia vivida sirve. En el momento ese que lo estás pasando, sea bueno o regular, no te das cuenta. Solamente cuando lo has pasado francamente mal, o has deseado que pasara algo y se convirtiera en realidad, cuando lo has apreciado y lo has ETERNIZADO en tu memoria.

Pero ninguna de ellas te puede restar vida porque cada una de ellas te dan la vida... Juego de palabras, sin duda.

En mi caso, sí me la quitaba. Tomar un día la decisión entre vivir y sobrevivir me dio la capacidad de superar algunos desafíos.

En principio, como he dado más de alguna pincelada, lo que quiero decir es que muchas de las circunstancias personales que vivimos y no son favorables te restan esa energía que necesitas para seguir creciendo profesionalmente...

A mí me pasaba, y fue, gracias a tocar fondo con ese estado, que me despertó para sacar esa fuerza y ese PODER EN MÍ MISMA, para destapar la persona que había en mí, y no en quien me hicieron creer.

CAPÍTULO TRES

Emociones. Origen. Señales

"El estado de tu vida no es más que un reflejo del estado de tu mente".

Wayne Dyer

Quizás tengas algunos desórdenes, como todos tenemos en la salud. Esperas, aguantas un poco y si no eres de los que te automedicas, vas al médico y te recetan un tratamiento. O si eres naturópata ya te buscas los recursos.

Pero... ¿qué lo ha provocado?

"No importa, no hay tiempo, ya se pasará", te dice tu mente, que impide una vez más pararte desde tu interior.

Vas con prisas, y lo achacas al estrés, a la edad, al informe delante del ordenador, ¡al tiempo, ese aliado cuando nos conviene!, a mil cosas...

Pues déjame decirte, pues lo sé, que mientras más alargues y ocultes ese dolor más te va a perdurar.

Muchas veces, el silencio no significa muerte, sino engendrar vida. Porque después de escucharlo, hay cambios y pueden sorprendernos.

Te puedo decir que, entre mis diarios, hay notas escritas por mí, que no era consciente del ruido que hacía mis emociones en mi salud. Ahora, diez, veinte años después, releo esas notas y me pregunto cómo podía callar esas emociones y cómo podía pensar de esa manera... Por suerte, el ser humano tenemos la capacidad de abrir la mente, y en el ensayo de prueba y error, aprendemos a base de voluntad y también de comprobarlo.

Si has leído el primer libro, fundamental para entender la clonación con esta parte de la Salud, verás que en un mundo de prisas, donde el trabajo es el pilar y no la vida ("Vivir, Vender, Brillar") nos cargamos ese espacio: el disfrute, la estabilidad. El trabajo lo engloba todo y si hay tiempo, vivir un poco.

Esa balanza que representa el EQUILIBRIO también indica SALUD, y refleja en el ámbito de la medicina la importancia de compensar aquello que sientes con cómo lo vives.

Qué difícil hablar de salud cuando no eres médico, ni enfermera/o, ni farmacéutica/o.

Cuando solo has sido paciente, que quiere dar a entender el sentido de ESE PODER DE SANACIÓN que solo tú tienes porque venciste esos efectos secundarios, o ni siquiera dejaste asomar ante simples sospechas; y es por ello que "TÚ VALES MUCHO", MÁS ALLÁ DE TU PIEL, pues desde mi experiencia lo comprobé.

✧ Respiro para escribir.

He estado un rato decidiendo si seguir o abandonar, si me entenderías o no, pues escribir desde el aprendizaje requiere abrir una herida aunque ya esté sanada, y en estos tiempos vamos apagando fuegos, medio apagando heridas y no nos gusta encontrarnos con ellas. Nos escapamos del dolor cuando el dolor es un medio de sanación.

Pero si de algo no quiero separarme es de la ALEGRÍA, que me caracteriza en primera persona.

Porque las situaciones que la borraron alguna vez pasan y no las revivo, salvo para avanzar. Y recuperarla.

Y mirarme en la Alegría es el ejercicio para mi presente y mi futuro.

De esa alegría real, que AGRADECE y es ahora cuando desvelo EMOCIONES, solo con la intención de que tú busques en tu interior y me sigas, si quieres, para AVANZAR. Pues sé el camino pero, sobre todo, **cómo engaña la mente a esa alegría.**

"Como pequeñas punzadas que empiezan a ser muy dolorosas. Septiembre, 2001":

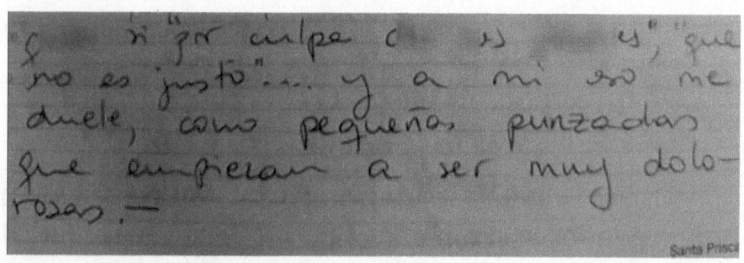

He rescatado este escrito de un cuaderno personal y leerlo ahora es como si fuera de otra persona, ese sentir me trae tristeza pero si algo constructivo ha de producir que sea la de eliminar tanta culpa que nos creamos y nos creemos.

Reconocer la fuerza de salir de ahí, cuando el dolor empieza a acampar es el PASO a SANAR, entonces... la culpa se desvanece y el corazón ya no duele.

Mientras antes acudas y pidas ayuda a un profesional, mejor.

Primero es el corazón, luego el estómago, luego la cabeza, luego la espalda, los huesos, la garganta... SOMATIZAS al alargar lo que tu emoción no te emociona.

Las palabras son una poderosa herramienta para transformar nuestra realidad y mejorar nuestro ánimo

¿Y sabes qué? Que son señales de nuestro cuerpo que nos está dando para saber de dónde viene nuestro malestar que normalmente viene de una emoción que hayas guardado tras alguna vivencia que no afrontaste bien.

Así que la próxima vez que tengamos algún trauma, lo mejor es hablarlo en ese instante, con naturalidad y si no nos entienden pues ya vemos algo más de esa situación. Quien te quiere, procurará entenderte o al menos ayudarte a que eso no te quite calidad.

Tarde o temprano saldrá y qué mejor que ganar ese tiempo, ese que ahora VIVES.

**¡LA VIDA MERECE SER VIVIDA

TAL COMO QUIERES!

Y SI NO ES A LA PRIMERA,

A LA SEGUNDA**

¡¡...hasta que seas Feliz!!

CAPÍTULO CUATRO

Y apareció la fibromialgia, Sevilla, 2001

"Usa el dolor como una piedra en tu camino, no como una zona para acampar."

Alan Coe

¿Cómo aparece de repente algo llamado fibromialgia? ¿U otro diagnóstico, de la noche a la mañana? ¿Cómo se compatibiliza con familia y trabajo? ¿Y con uno/a mismo/a?

Antes de seguir, vamos a aclarar muy brevemente **¿QUÉ ES LA FIBROMIALGIA? Según la organización Arthritis Foundation,**

"La fibromialgia es un trastorno que se asocia con dolor crónico generalizado, fatiga, problemas de la memoria y cambios de estados de ánimo.

Tanto usted como su familia deben comprender que la fibromialgia provoca dolor y agotamiento crónicos. Debe asumir un papel activo en el control de este trastorno, haciendo ejercicio con regularidad, educándose sobre su afección y aprendiendo a implementar técnicas de relajación y **estrategias para controlar el estrés**.

En un estudio de investigación sobre cómo se sintieron las personas una década después del diagnóstico, la mayoría se sintió **mejor después de modificar su estilo de vida y de recibir tratamiento.** Mientras que 9 de 10 personas con fibromialgia trabajan a tiempo completo, **el 30% ha tenido que cambiar empleos y un 30% ha cambiado las responsabilidades de su trabajo.** Algunos individuos con fibromialgia tienen síntomas tan graves que no pueden desenvolverse bien laboral o socialmente..."

Y de mi cosecha propia, digo que las cosas no pasan ni aparecen de la noche a la mañana. ¿De dónde vienen?

¿Está en nuestra mano evitarlas? ¿Prevenirlas?...

Una mañana, en el año 2001, me levanté con un fuerte dolor de cabeza. "Normal", me dije, "si es que vaya ritmo que llevo", y me tomé un paracetamol, como hacemos instantáneamente.

El dolor permanecía tras más de diez horas y en el trabajo no me cundía lo que hacía. Entraba un cliente y era como ver a mi enemigo. No tenía fuerzas para convencerlo de qué comprar, y muchísimo menos si venía una clienta con ganas de probarse la colección.

Así durante una jornada de ocho horas. Y al llegar a casa, ganas de llorar. No tenía fuerzas.

Lo achacamos al agotamiento, pues desde que me puse a trabajar, y ahora con los niños de 6 y 7 años, no daba tregua a un descanso, ni vacaciones. NO nos los podíamos permitir, ni por motivos económicos ni por el tiempo, pues todo el tiempo libre que teníamos era para poner a punto la casa, ordenar, aprovechar para hacer cosas en casa o ir con la familia. Y descansar.

Imagino que cuando te entra un dolor de estos no vas al médico ¿verdad? Haces lo mismo que hice yo: te vas directa al ibuprofeno o paracetamol.

Pues bien. Los días seguían y los síntomas igual. Incluso parecía que iba a incubar un virus, o una gripe, porque aunque no tienes fiebre los síntomas son muy parecidos.

Nadie mejor que uno mismo se conoce. Y notas que hay algo raro dentro de ti. Que una persona "imparable", con ese espíritu siempre adelante, con la alegría, con la disposición siempre de todo, sabe que no es pereza, ni agotamiento.

Y acudes al médico a que te recete algo más fuerte.

—"¿Está usted deprimida?"...Me preguntaba el médico.

—"Pues no, la verdad, estoy cansada", le contesto.

Y aun así insiste en recetarte analgésicos y antidepresivos. Y eso es todo.

Luego vienen los dolores de estómago, diarreas, falta de apetito, y el cansancio sigue acumulándose, y la tristeza aumentando. Y algún dolor de huesos, que sigues achacando cuando las bolsas de la compra te pesan, o cuando al cargar mercancía te resientes, por ejemplo.

¡¡Y es que, reconozco, que a veces tenemos el síndrome de "percheros", y un poquito mártires somos...!! Lo queremos llevar todo para adelante...

En la tienda yo era la encargada de las secciones de bolsos, maletas y seda, propias tareas de orden diario: subir y bajar de las estanterías, doblar diariamente los pañuelos que se habían enseñado anteriormente, repasar que las asas de los bolsos, bolsillos, cremalleras, estén perfectamente colocados, con sus fundas impecablemente dobladas en el interior, ... ¡mucha elaboración manual que me gustaba, además! Y aunque mis dedos a veces "protestaban", yo no les hacía caso.

Sin embargo, pensaba que aparte de las escaleras de más de cincuenta escalones que había que subir y bajar constantemente, y que era sano, o estar de pie todo el día, la culpa o el origen de este "estar sin vida", en ese raro cansancio, debía tener otra razón de causa.

Después de visitas al especialista del aparato digestivo, me derivan, por fin, al médico internista. Al Dr. Manuel Blanco.

Y es allí cuando al reconocerme y palparme las articulaciones, se detectan dieciocho puntos de dolor tremendo.

—"Siéntate", me dijo muy amable el Dr. en su consulta. "¿Eres española?", Iba sola y debió de darse cuenta de mi preocupación.

—"Sí, soy de aquí, de Sevilla", reí.

—"¡Pero si pareces americana!", me respondió, provocando la confianza.

—"¿Qué tengo, doctor?, pregunté con cierto temblor.

—"Tienes fibromialgia. Es una enfermedad crónica. Estás en un punto importante Es severa y tendrás que estar muy alerta", me dijo con tono positivo, aunque recuerdo la mirada.

—"¿Pero se me pasará?, yo no puedo faltar al trabajo, y la casa la llevo yo sola, y mis niños... y... y...", y solté ese llanto que esta enfermedad te produce y agarrota la garganta.

—"Tranquila, es importante que te relajes. Estas enfermedades crónicas, en principio, no tienen cura. Aunque con un tratamiento mejorarás. Tendrás que venir todos los meses para los controles, bajar el ritmo de exigencias, una alimentación más saludable y detectar qué te **influye en tu estado emocional**..."

Y se oye ese eco..."quééé te influyeeee en tu estadooooo emocional... emocional... emocional...."

Casi nada, cuando te encuentras con este pronóstico. **¿Por qué a mí?**"... era mi pregunta.

En aquel momento, aún no estaba en el nivel de preguntarme **"¿Para qué a mí?"**

Te vas a casa... y empieza una vida nueva.

> ✧ ¿Qué decir en el trabajo?
> ¿Qué decir en casa?

Pongo como ejemplo este diagnóstico, pero podría ser otro.

El tema que te quiero dar a entender es **cómo llevar a cabo** diagnósticos de enfermedades que causan una descompensación y ponen en peligro tu profesión, y cómo el cuerpo y la mente reaccionan para vencerlo o por el contrario para que te hunda.

Será un motivo de debates y conferencias que está dentro de mi PROPÓSITO para animar a tantas personas que tienen que agarrarse a ALGO o ALGUIEN al no contar con ese núcleo familiar y al llegar a casa, por ejemplo, solo se tienen a sí mismas y se preguntan "cómo ha ido el día, cómo estás, ánimo que puedes..."

En 2001, cuando me hablaron de fibromialgia, leía que la mayoría de los enfermos de fibromialgia denotaban tristeza. Y yo, sinceramente, no tenía motivos aparentes para tener una depresión. Mi vida era como la de cualquier familia, con dos niños pequeños, eso sí, con mucha carga de diversa índole, pero se superaba.

La alegría de llevar mi casa, el trabajo del que tanto aprendía, el entorno donde vivía, las alegrías de verme rodeada de los amiguitos de mis hijos en casa, y las mil actividades que yo inventaba siempre me daban vida. Nadie podría imaginar que mis ganas por todo, estuviera encubierta por una enfermedad crónica.

Para empezar, tuve que ocultar este diagnóstico que no yo entendía en mi entorno y decir que tenía "agotamiento", y de ese modo evitar críticas esperadas: "no paras", "te lo dije"... En lugar de "en qué podemos ayudarte", que era lo que no iba a escuchar. Y en el trabajo, no podía dar motivos por el miedo a perder el trabajo. Aparentemente tenía buena cara, no tenía fiebre, los análisis no reflejaban carencias de nada, y podía andar bien.

¿Qué haces? Pues también lo típico: te tomas un par de días libres pendiente y lo usas para descansar y pensar bien, en calma, de qué forma vas a priorizar Tu SALUD.

✧ ¿Priorizar tu salud? ¿Cómo se hace?...

Una mañana no pude subir las escaleras de mi casa, mis hijos iban al colegio, y me di cuenta de que algo no iba bien. Íbamos los cuatro en coche a Sevilla, yo me quedaba con ellos en el colegio, los acompañaba y me esperaba a que formaran la fila de la clase y al tocar ya el timbre que daba señal, ya repartíamos los besos, las mochilas, las recomendaciones normales que los padres hacemos y me volvía andando a mi trabajo. Todo eso antes de las antes de entrar a las 9.30 de la mañana.

Necesitaba esa media hora de caminar a solas, pasando por el puente de Triana, viendo el sol de la mañana, reflejándose en el río Guadalquivir.

La gente con prisas, y yo me sentía "ir a contracorriente", más fuerte que esas aguas que apenas se movían.

Seguía con el tratamiento además de superar la pereza por andar, que no era pereza, sino esfuerzo. Era como un ENTRENAMIENTO. Y algo dentro de mí me decía que había que vencer "a ese fantasma" atacándolo. Cada día un paso más.

Así que decidí "ignorarlo", que es como se atacan a los enemigos. Caminaba para fortalecer mis huesos y evitaba hablar de esto. Del mismo modo que cuando era jugadora de Baloncesto, entrenábamos y nos temblaban las piernas, y con más entrenamiento iría desapareciendo transformándose en músculos fuertes. Después vendrían las agujetas, y luego ya la motivación para jugar el partido. ¡¡Y ganarlo!!

Si has jugado alguna vez partidos o entrenas en un gimnasio, sabrás de lo que te hablo, ¿verdad? Mi amiga Raquel Revuelta, compañera del colegio y de partidos, sabe bien lo que digo y ella misma vio cómo en uno de ellos me partí el menisco y quería seguir jugando a pesar del dolor tan fuerte que produce esa lesión. Lógicamente, fue imposible, pues la pierna se te queda descolgada y así tuve que resistirme luego a no jugar tantos partidos como me hubiera gustado seguir. ¡¡Pero jugué a otros de otro tipo!!

La Vida es un continuo ENTRENAMIENTO... y un continuo afrontar con buena ACTITUD esas caídas. Ya vendrán otras OPORTUNIDADES para seguir ganando....

Cuando me preguntaban "¿Qué tal estas?", yo respondía- "Muy bien", y lo gracioso es que me contestaban: - "Sí, tienes muy buena cara, se te ve bien. Pues yo, fíjate, Mely... tengo un dolor de tal, tal, tal..."

Y empezaban las retahílas de los malestares de clientes, compañeros, familia, amigos que solías escuchar y callar lo tuyo.

Estoy totalmente convencida de que a ti te ha pasado algo similar: "¡y si yo te contara!", habrás pensado y, sin embargo, has decidido hacer como si nada. A veces, dependiendo de con quién sientas ese *feeling*, decides callar o expresar como terapia de sanación.

✧ Y fue así como conocí el desafío y la sincronicidad

Recuerdo que una mañana. Al llegar a la Tienda, (que por cierto, siempre llegaba tarde a pesar de los madrugones por dejar todo organizado) tuve la sensación de vivir en un cuerpo robotizado donde cumplía estrictamente con mis funciones y responsabilidades.

No había tiempo de plantearme si me sentía bien, si quería cambiar de trabajo, si quería cambiar de casa... En caso que lo planteara, era algo innegociable porque la solución estaba fuera de mi alcance y todo lo que conllevara CAMBIOS, novedad, salir de lo cotidiano, significaba conversaciones inútiles que me decaían aún más en el ánimo a pesar de mi afán por argumentar mis ganas de vivir de otra manera que no fuera la rutina.

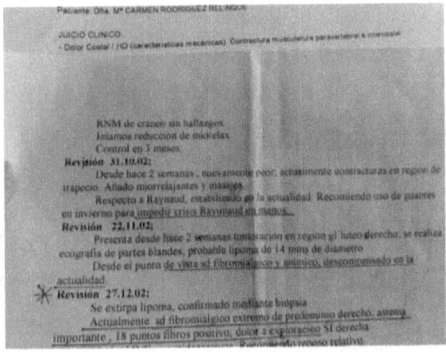

Los controles se hacían protocolariamente y aparecían nuevos desórdenes.

Este fue mi primer signo de desgaste íntegro.

Necesitaba "Comprar" mi vida y el único "Vendedor" que me podría buscar ese "Producto" que me ayudara a encontrarme mejor era yo misma.

Un caminar desde 2001 hasta 2010. Diez años.

Por entonces, en el año 2001; esta palabra apenas se conocía. Y durante todos estos años, solo he conocido a dos personas que lo tuvieran. Por eso, cuando vi en un video, en 2017, a Lain García Calvo que contaba que con 15 años, creo, le diagnosticaron fibromialgia y fatiga crónica; fue en ese video cuando me fijé en su testimonio, y lo que me invitó a conocerlo más.

Es curioso, y hago ahora un paréntesis, cómo me llegó ese mensaje, y en el momento perfecto. Y ahora, me miro, y es como esos milagros que nos creemos que son casualidades.

Tenía que pasar para estar aquí ahora, de este modo. Tenía que conocer a estas personas que colaboran en mis libros: clientes, amigos, doctores, abogados, psicólogos, fundadores de ONG, talentos que llenan de color las páginas de mi vida.

Y gracias a esa SINCRONICIDAD cada vez estoy más convencida de que todo está escrito, aquí estoy, escribiendo de él, y él escribe mi Prólogo.

Se cierra el paréntesis. GRACIAS.

Es curioso cómo un **dolor**, se convierte en **desafío**, y tras la superación en un **TESTIMONIO**, que ayuda a los demás. Cuenta Lain que él también decidió ignorar como pudo esa enfermedad, "mentir a su mente" que le limitaba, **hasta llegar a ser a ser campeón olímpico de natación en más de dos ocasiones.**

Y tras esos años de tratamiento te hablo de mi caso, en los que la frase "pídete una baja" me debilitaba más, aunque comprendía que lo decían por mi bien desde el desconocimiento.

Cuando un alma libre se pierde en su propio espacio, la salud se debilita, junto al amor y la prosperidad, porque nada está en esa frecuencia. A pesar de sentirme llena por mis hijos que son mi oración constante, había algo que me susurraba "no te abandones".

Y así fue cuando decidí afrontar qué me pasaba.

Parecía como si Dios me hubiera dejado en la Tierra y me dijera: "ahora, aprende y elige. Ya vendré a por ti"

Y este dibujo de mi hija cuando era pequeña me refleja esa reflexión.

✧ Pasos de gigantes.

¿Has oído hablar sobre cómo David venció al gigante Goliat que relata el Génesis, en la Biblia? Hay muchos ejemplos de "Gigantes" que relatan la historia, de los troyanos, entre otras, por ejemplo.

La moraleja de David y Goliat ha servido en muchas ocasiones para representar que también el débil puede vencer al poderoso. **Pero lo importante realmente es caer en la cuenta que aquello que otros ven como debilidad tú aprendes de la circunstancias para aprovechar cómo enfrentarte y salir victorioso.**

En los campeonatos deportivos se ve claramente. No es el más fuerte o aparentemente más fuerte quien gana, sino **el que más se ha preparado el combate**, el partido, y quien la misma noche antes visualiza y se sigue preparando para estar al cien por cien.

Esos son nuestros GIGANTES. Y donde podríamos cambiar la palabra Guerra por COMPETICIÓN, y guerrero/a por competidor/a.

"Toda batalla es ganada antes de ser librada" Sun Tzu (s.V a.C.)

Existe un tratado que te recomiendo: "El arte de la guerra", que nos da pautas sobre el arte de la competición: el estado mental previo a competir. Señala ideas tan constructivas como que *"un fracaso no conduce a un fin definitivo, sino que nos da información para seguir mejorando"*.

Malcom Gladwell, autor de "Las claves del Éxito", plantea una lectura alternativa sobre el mito que hace que nos replanteemos nuestras creencias.

Como bien relata El Confidencial, "Todos conocemos la historia de David y **Goliat**, recogida en la Biblia. Y, aunque no la hayamos leído, sabemos bien lo que significa: ES LA VICTORIA DEL PEQUEÑO FRENTE AL GRANDE, DEL DESVALIDO FRENTE AL PODEROSO, un recuerdo de que aunque tengamos todo en nuestra contra, **SIEMPRE HABRÁ POSIBILIDADES DE SALIR TRIUNFANTE.**

Es una peculiar metáfora que se ha extendido por todo el planeta, en cuanto que da forma al universal anhelo de poder decidir nuestra suerte por nuestra propia mano, sin encontrarnos sometidos a influencias externas." El Confidencial.

Lo que te quiero decir es que la vida es más simple de lo que imaginas y a la vez compleja por los elementos que sabotean tu libertad.

Mediante las anécdotas que he ido contando, en el primer libro, habrás podido comprobar por qué cada **secuencia de la vida profesional** se convierte en un ejercicio de entrega, de paciencia, de creatividad y más aún, te acerca a ese propósito, donde **estamos vendiendo** diariamente y **atendiendo** al otro.

¿Cómo no hacerlo con nosotros mismos?

CAPÍTULO CINCO

Ser conscientes y valientes

"Lo hiciste todo tan bien como pudiste. Libera el pasado con amor y agradécele que te haya conducido a este conocimiento".

Louise Hay

¿Cómo no darte cuenta de que ese dolor no te pertenecía?

¿Cómo puedes ser víctima de un dolor que asumes?

¿Cómo no somos capaces de parar en ese momento en lugar de buscar otras escapatorias para salir?

PRIMER INDICIO DE DEBILIDAD EN SALUD EMOCIONAL:

LA **CULPA**→LLEVA AL **DOLOR**→A LA **MENTE**

Y la mente te dice que te lo mereces. Que te aguantes→ABANDONO DE TU SUEÑO→EMPIEZA EL CÍRCULO QUE DESENCADENA OTRO DOLOR: Se debilitan órganos, sientes decaimiento, tristeza……

Y es el principio, una vez más, de una lucha interior.

¿Te acuerdas cuando te conté en el primer libro que la negación por no seguir lo que yo quería hacer en mi vida, siendo muy jovencita, me condujo a una pequeña depresión? Cuando se aborta el amor por circunstancias externas, cuando se fuerza un trabajo mientras el alma te pide otro camino, **la mente gana el pulso a tu anhelo.** Se sale con la suya: la mentalidad, esas creencias que aparentemente sirven para alinearte y "hacer las cosas bien". Y si **sigues a tu SER,** si quieres salir de esa línea, ya está la MENTE que te hace ver que eres egoísta y no tienes elección más que contentar a la mayoría.

✧ ¿Pero, qué pasa dentro de ti?...
ACCIÓN & REACCIÓN.

Pues bien, a pesar de todo la superé al solaparla con otros caminos. Al mirar a otro lado. Pero volvió a surgir años después, ni siquiera yo la detecté, pues estaba envuelta en otra realidad.

Las cosas, y menos aún las emociones, no se pueden tapar. Se llamaba "depresión solapada" que negué en muchos casos y dejaba de ir a las consultas porque no quería encontrarme con mi verdad: ¿dónde estaba mi tristeza tras esa sonrisa fiel que no me abandonaría jamás, como salvavidas?

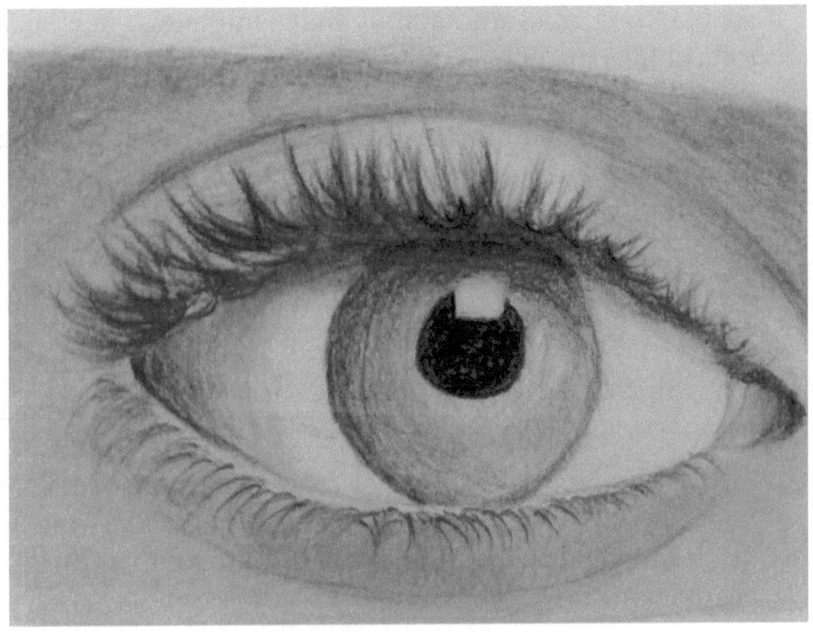

Ilustración a mano de Rosa Prieto en sus comienzos, con 15 años de edad.

Hay que llegar al origen, enfrentarlas, y desde la madurez solucionar para bien de todos. Como seres civilizados, no como poseedores unos de otros.

No hay necesidad de ello. **Desde el perdón**, la comprensión, las piezas se pueden colocar mejor y evitar desajustes en la salud, en el deterioro físico y mental. **Al final, decidas lo que decidas, cada uno sigue su vida. SU vida.**

Te diré que tuve la gran fuerza de voluntad de decidir, y lo que al principio fue tan doloroso, tan difícil y tan duro, luego, con el tiempo y el ejemplo de coherencia, se llegó a aceptar que cada uno somos independientes, más allá de toda obligación que no deja de ser más bien responsabilidad.

Nadie debe sentirse obligado a nada, ni siquiera a amar, porque sería matar la palabra y el sentimiento del AMOR.

✧ CAMBIO DE TONO, SINTONÍA A TU FAVOR

Pero vamos a cambiar el tono, esa es la realidad a la que a veces nos enfrentamos. La buena noticia, es que puedes cambiar esa línea que parece que solo conduce a la aceptación.

Déjame que te diga otra cosa, aunque seguramente ya lo sabes: **Se sufre mucho más antes de tomar la decisión que cuando das el paso,** muchísimo más. Todo se ve oscuro, crees que no van a darte la mano nadie, que te sentirás tan solo que habrás perdido todo... el **miedo anticipado** es la peor enfermedad pues en ese túnel es inevitable encontrarte con tensión alta, dolor de estómago, cefaleas, insomnios y lo peor: tristeza. Infelicidad. CADENAS.

Ilustración a lápiz de Rosa Prieto.

Del dolor físico puedes mejorar con tratamiento tapándolo hasta que se hace crónico si no lo complementas con una gestión alternativa.

Del dolor emocional, de ese… casi nada te puede salvar, excepto encontrar una razón, que desencadene, que te vuelva la alegría y el sentido de levantarte una mañana más con ánimos, alegría, ilusiones, proyectos.

Ojo, que no soy médico, y lo estoy afirmando solo por haberlo vivido en mi caso personal.

Aún sigo en crecimiento, y no por escribir un libro, o dos o tres, o los que vengan, me creo ya en posesión de la verdad o decirte que ya no sufro.

El sufrimiento es parte de la vida, y con esto vamos a tener que convivir hasta el final de nuestros días. Yo prefiero llamarlo "relámpagos", como en una tormenta, y sabes que pasará. Pues sabiendo que todo pasa, desde ahí, enfrentar esas tormentas de otra manera.

Pero he comprobado que lo vemos todo más negro ANTES que después de tomar difíciles decisiones, y cuando descubres esto, es como el "secretillo" que tiene la vida para que te mantengas alerta, para que juegues a vivir.

A cada momento, voy dando pasos, sin embargo, me he **comprometido contigo, querido lector, querido amigo,** a darte lo mejor, y por ello sigo en mi firme propósito:

Sacar partido al dolor, para que nos enseñe cómo avanzar desde ahí hasta abrazar la Alegría.

Siempre hay motivos.

Te lo digo hoy, que tuve que pasar un "relámpago" complejo y este prefiero dejarlo en mi intimidad.

Sin embargo, supe gestionarme y de nuevo quise volver a la alegría con que vuelvo a pintar el fondo de estas páginas.

Sanando Emociones

CAPÍTULO SEIS

Mis principios aprendidos
que yo misma creé, creí y me funcionaron.

"Según vamos adquiriendo conocimiento, las cosas no se hacen más comprensibles, sino más misteriosas".

Albert Schweitzer

En el Capítulo Once de mi primer libro "Entre la Vida y la Venta", "Bienvenida Fibromialgia" menciono mi convivencia con esta enfermedad y los principios a los que me agarro y me funcionan.

1. **Escucha la voz de tu interior.**

2. **Ten el coraje de seguir tus instintos.**

3. **Si algo no te hace feliz, no es para ti.**

4. **Si quieres algo, dedícale tiempo, esfuerzo, con la FE que vendrá. <u>Aliméntala</u>.**

5. **Si desistes, entonces es que no tienes FE.**

6. **Suelta de vocabulario la palabra "mañana", "no puedo".**

7. **Sé espiritual desde el lado más terrenal. Aprende a ser consciente que el poder está aún en las pruebas más terrenales.**

8. **Si tu cuerpo protesta, acude a tu interior. ¿Qué te sientes? Después ve al médico.**

9. **Dedícate tiempo. Sé fiel a ti mismo. Y luego a los demás.**

10. **Ponte metas y ve a por ellas. Quien no te siga, no te anime, no te acompañe, no es razón de abandonar. Enfócate en la meta. No en las energías que te restan.**

✧ DATOS: Me intereso por lo que vivo

Parece ser, según datos que he leído y que barajan algunos, que la OMS sospecha que el 90% de las enfermedades son psicosomáticas. Me faltan datos que corroboren ese porcentaje, pues es la opinión que surgió en una mesa redonda en redes sociales. Creo que es un alto porcentaje, aun así seguramente la mayoría del pastel recae sobre las emociones.

También en muchos factores hay que dar importancia a la alimentación y a la salud geoambiental: radiaciones, infecciones, etc.

✧ CUERPO Y MENTE

Tal y como leo de una página de internet de un blog de Adolfo Zuñiga, transcribo:

"La Organización Mundial de la Salud afirma que cerca del 90% de las enfermedades tienen un origen psicosomático, según las características de la personalidad y el control sobre las emociones. **La manera de enfrentar el estrés y las frustraciones,** *en ocasiones, dan paso al desarrollo de alguna enfermedad".*

y continúa el texto de Adolfo Zuñiga:

"Cuando se experimenta ansiedad el organismo manda un mensaje de que algo no está funcionando como debe y, por ende, se percibe cierta sensación en el estómago. Eso surge porque **existe una evidente conexión entre el cuerpo y la mente,** *pues influyen las* **reacciones ante todo lo que se piensa, siente y hace.**

En relación a lo anterior, la psiquiatra Susset Medina indica que el cuerpo nunca se queda con nada. En otras palabras, **lo que los ojos no lloran, el cuerpo lo hace por medio del dolor** *en algún área específica manifestado como una enfermedad.*

En general, la medicina moderna reconoce la relación entre los procesos emocionales en la manifestación y desarrollo de ciertas enfermedades, aunque medir este fenómeno resulta difícil si se trata de hacerlo por medio de métodos científicos convencionales. Al respecto, las patologías psiquiátricas que se manifiestan con mayor frecuencia por medio de síntomas psicosomáticos son la depresión, la ansiedad y crisis de angustia.

Cabe señalar, según estudios, que las mujeres somos más propensas a manifestar a través del cuerpo cualquier malestar emocional. ***Eso sucede porque culturalmente no se sabe expresar o exteriorizar los sentimientos y cuando estos no son canalizados de forma adecuada se transforman en enfermedades"***

Ufff... casi nada.

Louise L. Hay, a quien respeto y admiro por ser mi primera luz en todo este mundo del "Poder está dentro de ti" o "El mundo te está esperando" escribe sobre las posibles causas emocionales de algunos padecimientos son las siguientes.

✧ LAS DOLENCIAS Y LAS EMOCIONES

Problema Causa probable

<u>Acn</u>: Desaprobación y no aceptación de sí mismo.

<u>Amigdalitis</u>: Miedo, Emociones reprimidas. Creatividad sofocada.

Artritis: Sensación de no ser amado. Críticas y resentimientos.

Bronquitis: Dificultades en el medio familiar. Discusiones y gritos. A veces silencio.

Calambres: Tensión y miedo. Aferrarse.

Cáncer: Herida profunda. Resentimiento. Sensación de dolor que carcome o un secreto profundo. Carga de odios. Creencia en que todo es inútil.

Diabetes: Nostalgia de lo que pudo ser. Gran necesidad de controlar. Tristeza profunda.

Estreñimiento: Negativa, renuncia a viejas ideas. Alguien que se atasca en el pasado. A veces es por mezquindad.

Fatiga: Resistencia, aburrimiento. Falta de amor por lo que hace.

Gastritis: Incertidumbre prolongada. Sentimiento fatalista.

Gripe: Reacción a creencias negativas de la generalidad. Miedo. Fe en la estadística.

Hemorroides: Miedo a los plazos establecidos. Cólera con el pasado. Sensación de estar recargado.

Herpes: Creencia en la culpa sexual y en la necesidad de castigo. Miedo a la vergüenza pública.

Indigestión: Miedo visceral, terror, angustia.

Inflamación: Miedo. Alguien que se sale de sus casillas. Pensamiento inflamado.

Migrañas: Disgusto por dejarse llevar. Resistencia al fluir de la vida. Miedos sexuales. Resentimientos: conscientes e inconscientes.

Nausea: Miedo. Rechazo a una idea de una experiencia.

Neuralgia: Sentimiento de culpa. Autocastigo. Angustia por la comunicación.

Miopía: Miedo al futuro.

Peso: Exceso de Miedo, necesidad de protección. Huida de los sentimientos. Inseguridad, rechazo de sí mismo.

Presión sanguínea alta: Problema emocional antiguo, no resuelto.

Presión sanguínea baja: Falta de amor en la infancia. Derrotismo.

Reumatismo: Sentimiento de ser víctima. Falta de amor. Amargura crónica, resentimiento.

Ronquidos: Negativa obstinada a abandonar viejos modelos mentales.

<u>Tartamudez</u>: Inseguridad. Falta de autoexpresión. Alguien a quien no se permite llorar.

<u>Tumores</u>: Alguien que nutre viejas heridas y genera remordimiento.

<u>Ulceras</u>: Miedo. Alguien quien cree que ya no sirve.

<u>Vértigo</u>: Fuga de pensamientos, dispersión. Negativa a mirar.

✧ ACTITUDES PREVENTIVAS

Es interesante seguir estas recomendaciones siguientes de las que Louise Hay nos hace partícipes, de las cuales yo seguí, sobre todo, las que resalto **en negrita y me funcionaron.** Conviene atender las siguientes sugerencias:

- *Duerme la siesta para darle combustible a tu día. Con eso aumenta tu concentración, estimulas la agudeza mental e incrementas las energías.* (En mi caso, durante esos 25 años trabajando en horario comercial era imposible debido a los turnos semanales de trabajo. Ahora que soy empresaria, suelo hacer una siesta de 10 minutos para descansar también los ojos y buscar silencio).

- ***Identifica pronto las emociones*** *que te afligen porque afectan el sistema inmune y tu salud queda expuesta. Por ejemplo: el enojo, la hostilidad, la tristeza, el resentimiento y la culpa.* (Antes lo evitaba:

lloraba y repetir mi "pena" no conducía más que a ampliar el dolor y el círculo vicioso; ahora lo enfrento con coraje y busco a los especialistas que me ayuden, desde la actitud positiva, aliándome con personas fuertes y alegres).

- *Procura **expresar tus sentimientos con inteligencia emocional**, eso quiere decir hacerlo con sabiduría y sin dejar que sea el hígado el que guíe tus palabras.* (Debido a la mentalidad o educación, me costaba expresar lo que sentía porque requería hablar de mis motivos personales. Ahora, no solo los expreso, cuando el hígado y la vesícula estuvieron examinados con lupa, sino que fríamente analizo el dolor y no permito que me roce ni un órgano más).

- ***Cultiva relaciones sociales** porque el aislamiento y la soledad prolongados detonan enfermedades.* (Por supuesto, si no hubiera sido por los amigos, los ratos de ocio, eventos, ver MÁS ALLÁ DE MI PIEL, no estaría aquí. Sé de lo que hablo).

- ***Aprende a perdonar**, es el mejor antídoto contra el resentimiento y con esto evitas cargas emocionales innecesarias.* (Aprender a perdonarse es la tarea más difícil y la que menos practicamos, a diferencia de culpabilizarnos de todo. Me perdoné totalmente en el Evento de "Vuélvete Imparable de Lain García Calvo", el pasado mes de mayo de 2018. A partir de entonces ha sido una liberación.

(*seguidamente hablaremos del PERDÓN, en una oración que nos regala Andrés Olivares, presidente de la Fundación Andrés Olivares)

También con la ayuda de la terapia con el doctor Justo Sansalvador, medicina integrativa, llegué al origen de ese estrés.

- *Ejercita la **tolerancia**, recuerda que todo tiene su momento y todo tiene su lugar.* (O lo que llamo relativizar las cosas, y no tomármelo como algo personal. Lo oigo, si no me gusta pues nada, tampoco le doy más peso ni importancia).

- *El equilibrio en la **cantidad y la calidad de los alimentos** proveen la energía necesaria a tu organismo y mente.* (Totalmente de acuerdo, aunque últimamente oigo a mi cuerpo… y así voy conociéndome y aunando cuerpo+mente+alma).

A esa lista, yo agrego:

ESCUCHA MÚSICA A TOPE, MÚSICA ALEGRE,

QUE TE HAGA BAILAR, AUNQUE LLORES, BAILA SIN GANAS...

YA VERÁS CÓMO TU ENERGÍA COMIENZA A CAMBIAR.

HAZLO COMO UN HÁBITO...

También puedes decidirte a CAMINAR, ESCUCHANDO MÚSICA ALEGRE, ASÍ COMBINAS SALUD+EMOCIÓN+MENTE

Generalmente, nos curamos con amor.

Digo yo.... porque lo sé. Lo he comprobado.

Ya sea Amor de hijos, amor de pareja.

Amor a una causa que te genere dar y recibir.

Amor a ti mismo, sobre todo, aprendiendo a estar contigo mismo y compartiendo –té

Y un café en compañía, con risas, mirando el dolor compartiéndolo también, pero sin magnificarlo, sin dedicarle más tiempo que a ese café, esa conversación, buscando una solución o una visión más sana…. ¡Y que surjan esas risas!

¿Sabes qué?

COMPENSA. ENORMEMENTE.

Al FINAL, NADA SE CAE. TODO SE RECOMPONE.

Esta comparativa me recuerda a los estudios que hacía con mi equipo, cuando teníamos que preparar las evaluaciones para crecimiento de cifras y objetivos: las DAFO (Debilidades, Amenazas, Fortalezas, Oportunidades). Lo mismo pasa con esos pasos que enfrentas, primeramente para bien de tu salud y consecuentemente para bien de todo lo demás:

Puede que surjan AMENAZAS... ¡CUENTA CON ELLO!

Pero es IMPORTANTE PASARLAS y comprobar el AMOR de quienes son importantes para ti. Si quieren comprenderte lo comprenderán y si te quieren de verdad te lo demostrarán... lo tendrás siempre.

Y TÚ GANAS EN CALIDAD DE VIDA EMOCIONAL.

GANAS EN SALUD. CONSIGUES RESULTADOS.

CONSIGUES ESTABILIDAD Y SOBRE TODO PARA TI.

TESTIMONIO DE CORAZÓN AL PERDÓN

Por Andrés Olivares Díaz

Lo mismo que a todos mis amigos comenté el proyecto e invité a colaborar con escritos o testimonios, Andrés accedió enseguida. Solo invité una vez a cada amigo. Quien no quiso lo respeté, quien no contestó lo interpreté como falta de interés y a quien busqué expresamente como a mis médicos, me reportaron con total cariño y respeto a mi trabajo actual.

Entendieron su colaboración como acto de apoyo a este libro, a sus fines que tendrán una vez editados y a la venta, y que si algo he aprendido de todo es gracias a las PERSONAS que entraron en mi vida. Las que salieron de ella, también me enseñaron, sin duda.

Le pedí que me facilitara una Oración del perdón, o si tenía algún escrito para compartir y me dijo:

—"Mely, pues no tengo ninguna, hay muchas de referencias si puedes te puedo buscar alguna"

—"No, Andrés, de referencia puedo buscar, pegar y copiar, pero quiero que sea una Oración como los testimonios de los colaboradores, expresamente para este Libro de Emociones"

—"Pues voy a mil, a ver si puedo escribir una" ...

Y a los dos días me llamó y me dijo: Aquí la tienes: expresamente para estrenar en tu libro.

He mencionado con anterioridad y a modo de Agradecimiento en este, a la Fundación Andrés Olivares y a la familia Olivares, a quien aprecio como familia, que me abrieron sus puertas cuando les conocí. Una familia extraordinaria, sin duda.

No es mi objetivo hablar de la Fundación, pero os invito a buscar por internet y creedme que descubriréis la labor que hacen para las familias de niños oncológicos. Yo diría mejor: qué hacen los niños con todos los que alguna vez nos acercamos allí. Por norma general, recibes más de las fundaciones de lo que tú vas a dar.

Concretamente, los mejores amigos que tengo surgieron en la Fundación Andrés Olivares. Es por ello que considero que no fue casualidad que un día yo me acercara para saber qué hacían desde allí en 2011, y comenzó una serie de experiencias que me abrieron mi mente y mi corazón.

Muchas técnicas que desconocía, como Reiki, entre otras, de las que aprendí también para comprobar si ayudaba a SANAR.

Y así fue. Reiki me acompaña en momentos en los que me siento fuera de lugar, o simplemente me duele algo; es cuando conecto con mi energía y siento una mejoría increíble. Incienso, música de fondo, relax, y dejarte llevar, sin pensar en nada: EMOCIONES.

Es ahí en las meditaciones o en una simple Oración improvisada, donde el AMOR y el PERDÓN surgen para traerte PAZ.

En las meditaciones nos perdonamos y es el camino para una mejoría interior.

Pues ahí va

✧ EL PERDÓN, por Andrés Olivares

"Una de las emociones más profundas del ser humano, escondida en las profundidades del Alma.

El perdón no existiría si fuésemos capaces de perdonarnos a nosotros mismos; realmente nos cuesta perdonar aquellas situaciones o personas que aparentemente invaden nuestra estabilidad emocional porque en realidad nos están poniendo en frente un espejo maravilloso en el que se refleja nuestra culpa ante esa persona.

Pero somos tan orgullosos y nos da tanto miedo reconocer que nos hemos equivocado que no somos capaces de mirar de frente esa culpa y hablar un ratito con ella.

Vulgarmente decimos que echamos balones fuera, como que lo que está pasando no va con nosotros.

Es realmente cuando deberíamos entrar en nosotros, poner esa emoción encima de la mesa y averiguar de dónde viene; seguramente llevará años en el inconsciente esperando a salir para que la abraces. Pero el miedo hace que la vuelvas a esconder de inmediato y así pasamos toda la vida sin ser capaz de aliviar tu 95% del cerebro donde habitan todas esas emociones.

En un trabajo diario en el que se necesita emociones, cuando aparecen asustan pero si están es porque las necesitas para tu crecimiento personal, porque son asignaturas pendientes para aprobar el curso de la Vida.

Así que te animo que las trabajes, que el ser humano vive en el temor o en el amor y una vez que has trasmutado todas ellas vivirás desde un amor tan bello que aquellos momentos aparentemente duros por lo que tuviste que pasar quedaron en el pasado y empezarás a vivir el presente más presente que es lo que realmente es real, ERES TÚ:"

CAPÍTULO SIETE

No calles tu voz

"Nadie te puede hacer sentir inferior sin su consentimiento".

Eleanor Roosevelt

Volviendo de nuevo a ejemplos del origen, retomo una situación real, seria, pero siempre con la buena noticia que después de los desafíos, y tras la ACCIÓN, llega siempre una solución.

Es importante que de vez en cuando te analices desde el pasado al presente, y cómo quieres ir al futuro que está ya en tus manos.

Sin palabras:

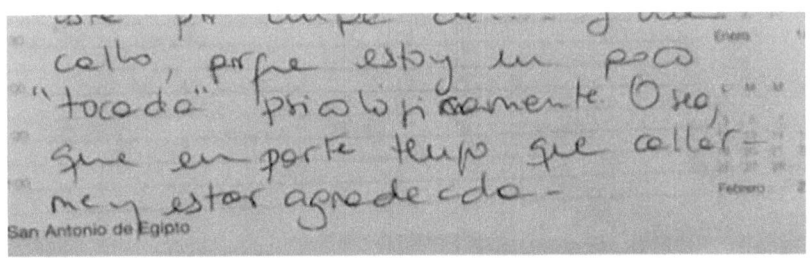

Quizás no se lea bien: "Callo porque estoy un poco "tocada" psicológicamente. O sea, que en parte tengo que callarme y estar agradecida".

Era el precio a pagar.

Callar.

Como si callar fuera la solución.

Qué equivocación o qué mentalidad esta... Creemos que si nos callamos, estamos más guapos, y así ni molestamos, ni damos pie a preocupaciones o consejos que nos incomoden.

Ese texto es duro. Callar por estar agradecida... Qué tendría que ver una cosa con otra. ¿Sentido de sumisión?...

Sigo leyéndolo, me imagino de nuevo en esa situación, y qué sentimiento tengo de... no sé, tristeza. Callar era la moneda de la gratitud...

✧ OJO. EJERCICIO REAL. DESPEJANDO DOLOR

En estos momentos, en los que he escrito ese testimonio, en ese remover, mi vibración ha bajado brutamente. Me he caído en pleno proceso de escribir este libro. Un fuerte llanto me ha invadido. La tarde sigue cayendo, con un olor a mar, en mes de septiembre ya. Todos van y vienen. Y yo, en el pasado de mi hoy, supero aún esos momentos. Quizás porque nunca me permití enfrentarlos y tiene que ser hoy, cuando quiero estar bien.

Y es entonces cuando me digo: "Pues ahora, todo lo que estás contándole a tus lectores, todo lo que quede escrito, deberás haberlo comprobado tú. Así que a ver cómo sales tú de esta... venga......

Estoy asistiendo a un proceso de superación real. Me propongo salir de esa espiral... Después de unas horas, lo conseguí nuevamente.

Lo que determina que si somos conscientes que tenemos el poder de cambiar la sintonía, podremos parar los síntomas de un dolor que no vaya más allá que emociones. Se destapan, se gestionan, y seguimos. Comprobado nuevamente.

Y así hice:

1. Expulsé ese llanto. Dolió el estómago hasta lo más profundo...

2. Me asomé y en esa tarde preciosa, ese atardecer violeta y naranja, miré al cielo y a modo de MANDATO dije: "**Ya no más. Merezco vivir mi presente feliz, no mi pasado**". E INVOQUÉ... A TODOS... INVOQUÉ.

3. Me enjuagué la cara. Bebí agua, **y ¡¡ahora viene lo más difícil, pero lo único que funciona: cambiar la frecuencia!!**

4. **SITÚATE EN EL PRESENTE... YA ¡¡¡ALGO QUE HAYAS VIVIDO HACE POCO!!! RÍETE... VENGA... ESTÁS EN EL PRESENTE... Y TÚ LO ESTÁS CREANDO...**

5. **PON MÚSICA RÍTMICA, NADA DE ESAS QUE HABLAN DE AMOR EQUIVOCADO... ESO NO ES AMOR... UNA ALEGRE, de "Axel", o de "Juan Luis Guerra" por ejemplo la de "celebra la vida" o "la bilirrubina" y baila, baila sin ganas, pero baila... cambia la vibración... y verás lo que pasa.**

6. **Hazlo. Haz la prueba. Yo lo estoy haciendo, aún tengo lágrimas, pero estoy cambiando mi sintonía...**

7. **Salta, sí, salta... ve por la casa, bailando...**

8. **¡FUNCIONA!**

9. **Ya pasó... Ya estás en el PRESENTE.**

10. Y mañana, haz cambios en casa, pon fotos del presente, alegres, llama algún amigo, y sal... te mereces esa ALEGRÍA... HAS HECHO MUCHO POR ESTAR ARRIBA... VENGA... CONFÍA... TODO O GRANDE QUE MERECES VIENE...

Pero No te calles, por favor.

A la larga, tanto callar va en detrimento de tu salud. Y tienes que tirar de tu fuerza, solo de ti. Hay que Ser valiente.

❖ COMUNICAR QUÉ TE ESTÁ PASANDO.

Tienes VOZ.

Quien te quiere de verdad, quien te conoce de verdad, sabrá escuchar qué hay detrás de esas palabras. Sabrá respetar y tratará de comprenderte. El miedo es una barrera para descubrir realmente si esas personas nos acompañarían siempre. Amenazas de lo no aprobación. Oportunidad de la Verdad.

"La gente callada tiene las mentes más ruidosas".

Stephen Hawking

Tal como te conté en el primer libro, atendí a Stephen Hawking en una venta y no hicieron falta palabras. En ese caso, su mirada, lo decía todo: "GRACIAS".

Decir lo que te pasa, lo que piensas o sientes, es un descubrimiento. Hasta hace muy poco... dando unos cambios INIMAGINABLES y en ese proceso, de soledad, encontré el SENTIDO SALUDABLE DE VIVIR. Lejos de la falta de ética, moral y de educación que se dice para herir.

Eso daña. Y el daño, revierte a quien lo produce.

No te sientas humillado ni inferior por callar y muchísimo menos por quienes te callan. Es la mejor manera de ver sus miedos. En aquello que tú anhelas, está el miedo del que tienes enfrente. Y es ahí donde descubrimos dónde están sus miedos que lanza contra ti a modo de juicios, amenazas, culpa.

Juicios que te llevan a sentirte rechazado, y la consecuencia sería perder a esa persona de tu vida. Y entonces... decides callar. Aguantarte, ¡que somos muy dados a esto!, "no demos pie a que crean que no somos felices", la imagen siempre de cara a la galería...

ESO SÍ QUE ES UN DESCUBRIMIENTO: LA FELICIDAD NO TIENE NADA QUE VER CON ESTO.

Y por eso, muchas personas combaten ese miedo, lo liberan, es muy duro pasar por ahí, pero a la larga, te sana, y no solo a ti, sino a todo tu entorno.

Y lo mejor, es descubrir, que no perdiste nada. Que todo se recoloca, como piezas de un puzle.

CAPÍTULO OCHO

"Me llamo Mely y ME HE curado de fibromialgia".

Un día, estando en la tienda, aún era vendedora de la tienda Loewe en Sevilla, a mis treinta y cinco años, sentí mucho dolor de manos. Siempre las tenía frías y blancas. Pero simulaba el malestar. A veces, estaba de mal humor, algún lado, y las expresiones son el reflejo.

Apenas tenía fuerza para girar unos cinturones reversibles, pero pedí ayuda a una otra compañera: " Angola, por favor, ¿cómo se gira este cinturón?, debe de estar muy apretado o yo no lo estoy haciendo bien", en lugar de decir "es que no puedo". Mi clienta, Amparo, se dio cuenta, a quien tengo un gran cariño, y sigo sabiendo de ella, me preguntó:

—"¿Es artrosis? Eres muy joven".

—"No, es fibromialgia. De vez en cuando me duelen los dedos y no tengo fuerzas, pero son días", contesté.

—"Ay, Mely, no me digas, hija. Yo tengo fibromialgia y es horrible. ¿Cuándo te lo han detectado?

—"Hace dos meses", contesté...

Y ya empezamos a hablar de esta enfermedad, aunque mi afán siendo profesional de la venta, era reconducir la atención a los cinturones, y a los demás regalos que habría que elegir para Navidad.

Yo hice como si no le diera importancia, así ella creería que lo mío era leve y no severo. "Mejor así". Pensé.

Pasados unos días, volvió a entrar, y me traía unos libros y fotocopias sobre la fibromialgia.

Uno de ellos "Me llamo Marta y soy fibromiálgica", de Víctor Claudín y otro que me recomendó "Manuela de fibromialgia" de Vicente Estupiña e Isabel Ortells.

En cuanto tuve tiempo en casa, comencé a leerlo y a medida que veía cómo una enfermedad se adueñaba de una persona, mis lágrimas no se contenían, al imaginar que algún día yo podría llegar a estar como la protagonista de esta historia, Marta, o como mi clienta. Siempre cansada, triste, dolorida...

✧ No me veía en ese papel.

Te voy a confesar algo. Desde que he empezado a escribir sobre esta enfermedad, no me he sentido confortable. Es algo que siento que he de contar, pues hay mucha gente que cuando le diagnostican enfermedades crónicas, o sea, para siempre e incurable, esto ya es un paso atrás psicológicamente. Hay a quienes les afectan más y quienes, afectándoles, deciden vivir encarándola, en lugar de temiéndola.

Por un INSTINTO natural, decidí ser del grupo segundo. En mi casa esto nunca se había oído. Ya empezaban a preguntar en mi casa si estaba relacionado con la hepatitis, o con las lipotimias que durante la edad del desarrollo tuve, o si era algo hereditario: "Pues en la familia no hay nadie con esa enfermedad, hija, que todo lo vas a tener tú"... Y eso me hacía más mal que bien.

Recordar todo esto, y el ocultismo que padecía, me trae "dolor" temporal y a la vez emoción, gratitud, por ese instinto, que algo me decía que no hiciera caso: "Supéralo, o te quedarás sentada en casa, antes de tiempo".

Igual que ahora: de repente mi mente, me sabotea y me dice "Mely, ¿será verdad que es incurable? ¿Y ese dolor que tienes últimamente de cabeza, de estómago y de huesos?"... Y sigo escribiendo, como lo hago ahora, convencida de que en caso de que volviese, haré lo mismo:

1. Hacer dieta, eliminar ciertos alimentos que no me van bien.

2. No adoptar una actitud de victimismo.

3. Caminar una hora diaria.

4. Relacionarme con amigos.

5. Cambiar aquello que vea que no me esté dando la energía, llámese casa, llámese entorno, llámese espacios.

6. No tomarme las críticas como algo personal: lo enfrentaré para hacerme crecer y aprender a no volver a hacer algo que no esté bien, pero no por quedar bien, sino porque si hubo un acto que dañó a alguien hay que resarcirlo de alguna manera.

7. Seguir con mis meditaciones, oraciones, reiki.

8. Lecturas que me transmitan serenidad.

9. Música que me sintonice con la alegría.

10. REÍR MUCHO Y ABRAZAR.

Y ser yo misma.

Sé que a todo el mundo no le puedo caer bien, ni le puedo llegar. Seguramente, algunos de los que han comprado el libro, será para criticar qué "pinta Mely escribiendo, como si yo tuviera que aprender de ella...."

Seguramente. Habrá quienes lo han comprado con este objetivo. También para ellos, para ti, lo escribí.

No sé qué parte de ti habrías de cambiar. O quizás ya has cambiado lo suficiente y estás en ese momento de experimentar con tu nueva visión. Eso solo lo sabe uno mismo, y nadie, absolutamente nadie, ha de meter el dedo en la llaga con cualquier juicio, ofensa, o gesto que te haga sentir infeliz.

Cada uno es reflejo de las batallas que tiene, de la felicidad que alcanza, de las que dejó en el camino, y de las que aún no llegaron.

Si decido hacer algo es porque me hace feliz, no para que los demás me aprueben y eso sea lo que me haga feliz. Porque, a veces, me he planteado qué es la felicidad... y no es fácil responder tan rápido.

Cuando nos van bien las cosas, estamos en un estado de alegría, de gratitud, de ilusión y es fácil definir la felicidad. Usamos calificativos superpositivos, y se nos ilumina el rostro, tenemos más brillo en la mirada, caminamos más derechos y con un movimiento diferente: ¡notas musicales andantes!

Cuando las cosas no nos salen bien, llega el dolor y algunas o todas las parcelas importantes, especialmente la salud, el amor y el trabajo se nos caen, nos llevamos una especie de frustración en la vida. Las metas que veíamos como alcanzables se convierten en algo imposible, lejano...

Y si en ese momento te preguntan "¿QUÉ ES PARA TI LA FELICIDAD?", responderás, quizás, que son pequeños momentos de alegría, de disfrutar... y seguramente se refleje en tu rostro cierta añoranza por volver a vivir esos momentos de felicidad.

Sin embargo, la FELICIDAD es un estado al que todos anhelamos llegar. Y a partir de ahí todo irá muchísimo mejor. Independientemente de si tenemos pareja o no, si la persona que nos atrae nos responde o no, independientemente que tengas trabajo o no, independientemente de si tienes salud o no.

"¿Pero qué dices, Mely? ¿Cómo voy a ser feliz si me faltan la salud, el amor o el trabajo?", me dirás.

Y yo misma reflexiono, me paro, de verdad, me paro diariamente a cuestionarme ¿qué estoy haciendo con mi felicidad hoy? ¿De qué depende que yo sea feliz?

Es un ejercicio que aconsejo, en lugar de ver el móvil constantemente y buscar algún whatssap, alguna entrada en las redes, algún comentario o un "me gusta" de algún "amigo"...

Qué mejor amigo que enfrentarte, sentarte un ratito y aconsejarte a ti mismo: "Mira, Mely, como sigas por aquí vas a perder esa energía que tenías esta mañana" o "Venga, Mely, levántate un día más no para salvar, el día sino ya verás qué oportunidad hay hoy para recibir y para dar..."

Y en esta autorreflexión, me trabajo a mí misma, me CONCIENCIO de que si las cosas no van como yo quisiera ese día, pues será porque tiene que ser así, y seguramente me llevará a algo más interesante de lo que yo pensaba: quizás conocer a otras personas mediante ese camino que toca resolver, quizás desviarnos de ese camino que siempre tomamos y en ello vemos algún escaparate que nos da un mensaje.

A mí me ha pasado muchísimo últimamente. Desde que me quedé sin trabajo, soy más consciente. Desde que me enfrenté a esta soledad me di cuenta de que tengo que aceptar como OPORTUNIDAD.

Independientemente de todo ello, la Felicidad para mí sería sentir que esa Pasión por las cosas que hago sea constante, me eleve, me anime a continuar y que desde mi alegría interior y seguridad en aquello que hago, lo pueda compartir con los seres a los que amo. Que el día que mi hija, o un amigo, me viene desanimada o preocupada, yo la escucho y al final lleguemos al punto de reconducir de nuevo esa meta, esa ILUSIÓN que por cualquier motivo se alejó.

Y eso es también felicidad: ser CÓMPLICES, como si estuviéramos en un equipo de atletismo donde la META la vemos muy lejos aún pero enseguida cambias el chip y ves lo mucho que llevas ya adelantado.

Da igual si te has caído. Te levantaste.

Da igual si perdiste el pulso: Lo recondujiste.

Da igual si te dejaron solo. Salieron otros nuevos en ese estadio.

Da igual... tú sigue... porque cuanto más cerca de la META, te seguirán apareciendo pruebas, y más pruebas... lo que pasa es que AHORA tú ya sabes cómo superarlas y sobre todo que ya no te afectan tanto.

Te escribo todo esto, después de haber pasado cuatro días muy duros. Sí, en el proceso de este libro, me he hundido. Pero desde la FE, todo se reconduce.

....
....
....
....
....

Si yo a estas alturas tuviera que estar pendiente de eso, mi salud ya no estaría ni siquiera preparada para haber soportado ni las diez primeras de las casi de trescientas que llevo hasta aquí.

Y déjame decirte que la salud emocional, una salud en clama, es la que nos conduce a lo que todos anhelamos: la paz y consecuentemente a ese estado de felicidad. Ya sea, repito, con un amor de pareja, con un amor a la vida, descubriendo cada sitio, desde ti a los demás.

No al contrario.

CAPÍTULO NUEVE

Adiós

"Si eres lo suficientemente valiente para decir adiós, la vida te recompensa con un nuevo hola".

Paulo Coelho

Te voy a explicar, de un modo breve, sin entrar en más detalles personales, pues son experiencias que afectan a terceras personas que han sido importantes en mi vida y siguen estando por vínculos. Además, el motivo del libro no es, ni mucho menos, contar mis memorias, ¡ni que fuese una *celebrity*, válgame Dios!

La aventura de escribir surgió, como te he comentado, en una meditación, y "Algo" me impulsó. Sí, estarás preguntándote, que cómo se puede tener una idea en una meditación. Eso es que aún no lo has vivido y al no haberlo experimentado, no crees en ello. Te comprendo. A mí me pasaba igual.

✧ No te juzgo, ni mucho menos.

No te juzgo, ni mucho menos. La vida, nos va llevando por entresijos que jamás uno podría imaginarse, y en ello, empiezas a ver, a sentir, a comprobar que tenemos mucha teoría, y que nos volvemos muy fríos cerrando el espíritu, "esa especie de algo más".

Si no te has asustando de lo que te digo, entonces es que estás ya descubriendo que el ser humano no es 100% mental, y que gran parte somos espiritual. Y estas cosas pasan.

Yo ya estaba preparando cursos de formación y talleres de protocolo, buscando colegios para mis talleres benéficos infantiles, cuya recaudación iría integro a una Fundación en África, y en este desarrollo de recién emprendedora, sentí que debía escribir, que ya luego... descubriría cómo, para qué y el qué.

Mi amiga Olga Monzón sabe de esta experiencia. Ella estaba a mi lado, y seguramente revivirá, como yo ahora ese momento en que le comenté lo que me había pasado. Y ella, con esa voz cándida me invitó a seguir ese mensaje: "Escribe, Mely, hazlo"...

Y así fue. Y así es como una semana más tarde, seguía dándole vueltas. Hasta que vi claro que quizás escribir abriría algo más que una oportunidad profesional. La palabra "Legado" rondaba en mi cabeza, y me dejé llevar....

✧ Seguir el INSTINTO

Solo sigo mi instinto más allá de haber planeado una estrategia. En todo ello, se ha removido muchísimo. Estoy contactando con mis médicos quienes colaboran en esta trilogía, superando sensaciones y emociones que me vienen en todo este recorrido, que al dejarlo por escrito para siempre, cuido mucho las palabras.

Al cabo de los años de convivir esta enfermedad de la cual ya me hice "amiga", de entender dónde estaba el origen, como le gusta descubrir al doctor Justo Sansalvador Reque, llegó un momento que levantarme cada mañana era "salvar el día".

Las mentalidades que me rodeaban, el ambiente tóxico que alguien pudiera crear en el entorno de trabajo, los desórdenes económicos por sorpresa y sin poder de decisión, solo de "apagar los fuegos", todos los problemas que parecían no tener fin por la ausencia de apertura mental, de positivismo, hizo que tomara una decisión: me estaba ahogando y no veía salida. Hay datos que no puedo ni quiero exponer por respeto a terceras personas, pero fueron circunstancias extremadamente complicadas que no tenían límite ni solución y que me estaba arrastrando.

En mi trabajo ofertaban puestos de dirección, con movilidad geográfica y apliqué a ese programa que teníamos en la firma para posicionar a puestos superiores tras el ánimo que me transmitían mis superiores: "Mely, aplica, estás preparada para un puesto superior".

Ya me lo habían ofrecido unos años antes para irme a dirigir una tienda en Londres, pero mis niños eran pequeños, mi marido decía que era una locura y que él no iría a cambiar su vida por irnos, en mi familia ni lo planteé, y yo enseguida lo desestimé, aunque veía muchas posibilidades en ese ascenso para un cambio de vida familiar y un ascenso económico. El hecho de que los niños fueran pequeños para mí era positivo, pues hubiesen aprendido un segundo idioma de forma natural. Lo único que me podría parar era el frío en Londres, ya que esa era una de mis debilidades y los síntomas de la fibromialgia se acuciaban en el invierno. El frío y la decisión neutral, sin apoyo en la familia, fueron lo que significó no optar por ese tren.

Pasaban los meses. Un día recibimos un correo en tienda para aplicar a dirección de varios puntos de España: Barcelona, Zaragoza, Madrid. Y me dio un vuelco este correo. Sería la tercera vez que me iba a presentar. La primera, que desestimé para Londres, la segunda sería para asistente del director de Madrid, pero no pasé la tercera prueba por temas de conocimientos informáticos, y esta tercera vez... envié la solicitud; al pulsar la techa "enviar"... ya sabes... respiré entre miedo y oportunidad.

Y a partir de ahí... todo adelante. Pasé las pruebas para posicionar. Viajes a Madrid, pruebas, entrevistas en inglés, más pruebas, hasta que me notificaron que Zaragoza era la plaza ideal. Respiré fuerte, lo medité a solas durante unos días, y seguí avanzando. Significaría casi el doble de sueldo. Un espacio de tiempo separados, necesario para el matrimonio. Ya en casa, mis hijos, sabían que me iría a Madrid para prepararme y estaban siempre apoyándome, pues formábamos un trío "mosquetero" como yo decía.

En Madrid, me confirmaron que no sería para Zaragoza, pues había salido otra plaza unos días antes de firmar el contrato para Zaragoza: la plaza era Málaga. Estaría cerca de Sevilla, donde vivíamos, y mis superiores consideraron que un cambio tan grande para trasladarme sola con mis hijos sería más beneficioso a esta ciudad junto al Mar. Casualmente, una ciudad que me removía recuerdos de infancia y juventud con mis padres y hermanas. Y posteriormente donde mis niños habían aprendido a nadar, por los maravillosos veranos que pasábamos con la familia política y que sentíamos a Málaga como parte de nuestra vida.

Imagínate, era el mes de mayo de 2010. Dos meses después, en julio de 2010 estábamos trasladados en Málaga ya, mis dos hijos, con 13 y 15 años y yo, en esta ciudad, que significaría más desafíos por vivir.

Yo sabía que ese comienzo era el fin de los proyectos anteriores.

Jamás olvidaré la primera noche que cerré la puerta de un piso de alquiler, amueblado, donde nada me pertenecía, cuando eché la llave, di las buenas noches a mis hijos, y por ellos recé, para que pudiera darles lo mejor para su porvenir, espiritual y material. Recé una vez más invadida por sentimientos de toda índole Rezando también por quienes se habían quedado en Sevilla. Sin duda alguna, esa decisión me partió en dos. Lo único que me pertenecía era la responsabilidad desde esa independencia que por primera vez en mi vida viviría, tratando de sanar cuerpo y alma.

En esa Libertad de elección, me encadené a la responsabilidad de salir adelante en una ciudad donde nadie conocía. Dos adolescentes, un equipo al que dirigir que no me conocía, unos retos profesionales, una salud que sabía que mejoraría y personalmente mucho que aprender aún sobre temas que en el día a día se comparten mejor en familia.

Todo lo que pasó durante el traslado, cómo viví ese llegar con tres maletas, dejando todo atrás, con el sentimiento de culpa que pesaba más que el orgullo de haber optado a un puesto superior, me impedía mediar palabra, pues ya no había marcha atrás... Eso lo dejo para mi intimidad.

Me sorprendió la capacidad de mis hijos cuando dijeron que sí, a pesar de que Rosa ya tenía esa edad de los quince años, y vi que lloró al dejar su vida allí. Ella misma fue quien me animó meses antes: "mamá, coge ese puesto, es mejor para ti, y te vamos a acompañar Jesús y yo"...

En estos momentos, tengo que beber agua, respirar, seguir, y pedir a Dios por mis hijos, porque sé que les condicioné sus vidas, y la de su padre. Fue tremendamente duro. Pero gracias a Dios, todo se recoloca, porque si somos creyentes, en estos momentos es cuando hay que demostrarlo.

Poco a poco, ante esa responsabilidad de no fallar a mis hijos, fui centrándome en buscar casa, colegios, organizar todo para comenzar a dirigir mi plaza el día 1 de agosto. Y ellos nuevo colegio, el 1 de septiembre.

Y allí empezó una nueva vida.

✧ ¡¡¡¡La fibromialgia desapareció!!!!

¿Fue el entorno? ¿Fue el miedo? ¿Fue la falta de motivación?...

Desapareció. A pesar de estas otras emociones nuevas, y de nervios, a pesar de esto, ya no asomaban los síntomas.

Por tanto, no era el estrés lo que me produjo esa enfermedad. Era carga emocional quizás: "no ser yo" era la causa que yo misma afirmo.

Después se iniciarían otros desencadenantes que ya traía conmigo, unidos a otros que nacieron tras circunstancias desilusionantes que viví, pero me centraba en el trabajo en mi equipo, y en mis hijos sobre todo, como prioridad y cumplía con alegría esta etapa profesional.

Y pasaron muchas cosas. Muchas. Demasiadas.

Hasta que vinieron a mí las personas adecuadas, en los momentos oportunos... y gracias a esas circunstancias anteriores ves de nuevo la luz.

Como el pasar un desierto y tras él, comenzar a ver ese Oasis, o el ver que ya estás "a salvo".

Me asomo y veo el Mar como Oasis en un Desierto.

Mi cómplice, el Altar natural. Donde recargar "pilas" y Conectar.

El mismo Jesús de Nazaret necesitaba irse al Desierto a orar, a tomar ese Alimento, esa Conexión, pues no podemos negar que somos mente y espíritu.

Aunque la vida nos haga ser materialistas. En ese desequilibrio es importante que CADA DÍA EMPLEEMOS UN BUEN ESPACIO DE TIEMPO PARA ORAR. Llámese orar a parar en pleno trabajo, cerrar los ojos, respirar y sentir que "ALGUIEN" te da fuerzas.

Pero tienes que hacer tu parte, para que eso ocurra.

Cuando hablo de CONEXIÓN, me refiero, e imagino que tú lo habrás vivido alguna vez, a esa compenetración en plena naturaleza, sea en el mar, la montaña, el desierto puro, o en medio de una carretera; ese sentirte parte, siempre que haya un silencio y un encuentro entre tú y la NATURALEZA; se vive algo especial, ¿verdad?

✧ CONECTAS CON TU CREADOR

Llámalo como quieras. Dios, Universo, Buda, Energía, Guías... ALGO MÁS HAY. Y debemos conectarnos.

Pues fíjate, historias de cambios se viven todos los días. Cambios, traslados, separaciones, ascensos. Y que es motivo de agradecer a Dios la fuerza que nos da por caminar en desafíos sintiéndonos unidos por ALGO que no vemos, que sentimos y es por eso que nos atrevemos a dar esos pasos.

Pues así es como fui siendo yo misma, adaptándome desde otro modo de vida, positiva con mis hijos que me acompañaban y al mirar atrás, parece una película.

Y si miras atrás con Agradecimiento y Fe, esto te reconforta, de verdad, y te pone en Paz con la vida. Trabajas mejor, escuchas mejor al otro, reflejas más equilibrio y por tanto más confianza.

Todo lo contrario a las personas que viven peleadas con el pasado, van al trabajo con caras agresivas, no dan las gracias... esas personas, muchas de ellas que se creen líderes, hacen el efecto contrario: NO TE FÍAS PORQUE

TRANSMITEN NERVIOS, ESTÁN EN TODO LADOS Y EN NINGUNO, NO ESCUCHAN, SOLO A SÍ MISMOS....

Miro adelante, miro desde hoy, y DOY GRACIAS DIOS por LAS PERSONAS QUE ME TRAJO y por la FE que mueve mi vida en este futuro incierto que abro ante ti.

Si tuviera que decirle algo a mis médicos, que durante estos ocho años me han intervenido y he visitado en sus consultas por otros desencadenantes, les diría que animen en sus consultas a la FORTALEZA de cada paciente. No solo la fuerza física, sino la emocional, que es quizás la más potente.

CAPÍTULO DIEZ

¿Vivir?

"Vivir es nacer a cada instante."

Erich Fromm

Acaba de llamarme un/una amigo/a.

Es real. Me dice que su vida no tiene sentido. Que no sabe cómo dirigir sus emociones pues ni médicos ni psicólogos, ni nada le convence, pues los tratamientos le tapan el origen. Quiere saber qué hice yo… y me emociono tremendamente, porque esta persona tiraba de mí en un momento delicado de mi vida. Y ahora me toca a mí tirar de él, de ella…

✧ ¿Cómo no dar mis horas, mis días, mi testimonio?

Se me acaba de presentar una RESPONSABILIDAD que comparto. A partir de estas líneas, van dedicadas a estas personas BRILLANTES, en su profesión, padres/madres de familia que se ILUSIONAN por ver el brillo en los ojos de los suyos… Pero se han DESGASTADO al darlo todo.

—"¡Vamos a jugar al juego de la VIDA!", le he dicho.

—" Y ¿cómo se hace?", me pregunta…

- ✧ PUES DONDE VEAS OSCURIDAD SAL DE AHÍ, CAMBIA Y SAL DE ESE CALLEJÓN.

- ✧ CUANDO TE QUIERAN ATRAER CON DISCUSIONES, SAL DE AHÍ, NO ENTRES, DAS TU OPINIÓN, PERO NO CONVENZAS CON LAS PALABRAS.

- ✧ ACTÚA YA. Deja de usar palabras negativas. Ponte una hucha, y por cada palabra negativa, pon un bote que ponga "ÁFRICA", "SIRIA" "ONG", o a cualquier persona que veas que tienes dificultades serias, y lo entregas a quienes no tienen ni siquiera OPORTUNIDAD de quejarse porque no existe comparaciones. Y se mueren, ¿sabes? Hazte un COMPROMISO, contribuye y transforma tu victimismo.

- ✧ SOLO TUS ACTOS CONVENCEN.

- ✧ PARA ELLO, CAMBIA LOS HÁBITOS YA.....

- ✧ Y DEMUESTRA TU ALEGRÍA, COMO TÚ ERAS CUANDO TE CONOCÍ.

Por cierto, mi amigo/a se recuperó poco a poco de esta tormenta. Me he dado cuenta de que no debemos bajar la guardia ante el estado aparente de los demás, y siempre preguntaré: **¿Y tú, cómo estás?** A partir de ahí, lo que surja.

✧ CANCIÓN CORAZÓN, DEL GRUPO MUSICAL "SIEMPRE ASÍ"

Para TI, mi amiga, mi amigo, dedico esta canción de unos grandes amigos míos: "Siempre Así"

https://youtu.be/nHLBwg9zHbo

"Ahora que la vida nos ha dicho que paremos un poquito
Que hemos volado tan alto y no pensamos en caer
Que el dinero siempre miente y que el bolsillo se resiente
y vamos a esperar a ver
Ahora que la vida nos ha dicho que vayamos despacito

Y ahora que el destino nos da otra oportunidad
Y ahora que ya queda claro que el asunto es complicado
No vale echarse pa atrás
Si hemos escuchado tanto y tanto y nadie da una solución
Porque no dejamos que hable un rato el corazón
Corazón
Que no entiende de fronteras
Y que invita a la alegría
Que se olvida de las penas y se da sin condición
Unas gotas de dulzura y una pizca de cordura
Ya tenemos la canción
Corazón
Que derriba las murallas a golpes de melodía
Que nos une en la esperanza de pintar un nuevo sol
Un poco de amor sincero ya verás como lo hacemos
Entre todos lograremos acabar esta canción
Ahora que la vida se ha cansado de contar la misma historia
Y aprendemos que a la guerra siempre la vence la paz
Que el cariño no se compra y que lo que en verdad importa no es difícil de olvidar
Ahora que la vida se ha cansado de dar vueltas y más vueltas
Porque no pasamos a la acción

Y tomamos por rutina ir sembrando en cada esquina un
ramito de ilusión
Corazón
Que no entiende de fronteras
Y que invita a la alegría
Que se olvidad de las penas y se da sin condición
Unas gotas de dulzura y una pizca de cordura
Ya tenemos la canción
Un poco de amor sincero ya verás como lo hacemos
Tú verás como lo hacemos
Entre todos lograremos
Acabar esta canción"

Grupo musical SIEMPRE ASÍ. Letra de Rafa Almarcha.

CAPÍTULO ONCE

Pero, ¿qué es la Salud?

La salud es algo que cuando la tienes, cuando todo va bien, sientes como si fuera lo normal ¿verdad?... No es algo que digas "Hoy tengo salud". Te levantas, haces tus cosas y no somos muchas veces capaces de agradecer por la salud que tenemos.

En cambio, si te levantas con un dolor, ya empiezas a implorar a Dios que por favor se te pase...

✧ Qué fácil pedir y qué difícil agradecer.

Yo empecé el hábito del agradecimiento y créeme que era como alimento para mi interior.

Al menos en estos momentos, piensa tres cosas por las que agradecer, gracias a tu salud:

1. Gracias a mi salud, hoy pude......................
....
....

2. Gracias a mi salud, hoy hice.........................
....
....

3. Gracias a mi salud, hoy conseguí.....................
....
....

Pues yo también voy a hacer los deberes, y

1. Gracias a mi salud, hoy pude caminar mi horita para seguir fortaleciendo mis huesos. Gracias por mis piernas, que me permiten avanzar.

2. Gracias a mi salud, hice las tareas de casa que conllevaba usar mis manos para doblar ropa, ordenar mi habitación, pues el orden de mi entorno es reflejo del orden interno, donde respiro mejor. Las mismas manos que escriben en el ordenador. Gracias por mis manos, herramientas para dar y recibir lo que venga.

3. Gracias a mi salud me levanto un día más, y aunque tenga áreas que solucionar, el día me da la oportunidad para ello. Gracias a la salud, disfruto de los sentidos para captar la atención más allá de mis circunstancias.

4. SALUD

DINERO

AMOR

Y la primera de todas al brindar y mirarnos a los ojos, es la ¡SALUD!

Pero...

- ∞ ¿Qué entiendes por Salud?

- ∞ ....

- ∞ ¿Cómo influye en el terreno laboral?

- ∞ ....

- ∞ ¿O quizás es el terreno laboral el que influye en nuestra salud?

- ∞ ....

- ∞ ¿Y en lo personal? ¿La familia, qué papel juega? ¿Los amigos?

- ∞ ....

- ∞ ¿En manos de quien pones tu salud?

- ∞ ....

∞ ¿Con qué ACTITUD ENFOCAS salir /enfrentar la enfermedad?

∞ ....

∞ ¿Con qué EMOCION vives para ser próspero en salud?

∞ ....

TESTIMONIOS

✧ EMOCIONES EN EL DIAGNÓSTICO
Por DR. JOSÉ ANTONIO ORTEGA, Jefe de Oncología, Hospital Quirón de Málaga

"Cuando un paciente es diagnosticado aparecen en él múltiples **"pensamientos y sentimientos"**, que van desde la negación a la aceptación, pasando por una etapa de incertidumbre, dudas y miedos, sin saber muy bien qué le espera en un futuro.

La información del paciente oncológico es crucial, **dedicar en la primera visita o sucesivas tiempo para resolver todas sus dudas e**s primordial e imprescindible.

Tenemos que tener claro que nos ampara el "Derecho a querer saber" basado en la Ley de Autonomía del paciente y por otra parte está el "Derecho a no querer saber" y es así como el oncólogo sabe la importancia de dónde informar (no se puede hacer en un pasillo), **cómo informar, resolver dudas y miedos, hasta donde informar** y hasta dónde el paciente quiera saber.

El tema de la información en oncológica es motivo de cursos monográficos y de controversia.

La actitud es vital, una actitud positiva, de cuidado de la imagen personal, de una dieta equilibrada y un deporte ajustado a la situación del paciente, hace que el sistema inmunológico salga reforzado, y la tolerancia a los tratamientos y sus efectos adversos sean menores, así como una mejoría de nuestro sistema inmunológico.

Los profesionales que nos dedicamos a tratar y cuidar durante esta enfermedad, todos sin excepciones, se vuelcan con sus pacientes y sus familias, haciendo cada paciente parte de nosotros, con su nombre, su vida y su familia, nos alegramos cuando todo va bien, nos reímos con el paciente, nos abrazamos... pero cuando las cosas no van tan bien, sufrimos, nos llevamos el dolor a nuestra casa, estamos abatidos, lloramos de impotencia, y nos abrazamos aún más fuerte con el paciente y su familia, y así un paciente tras otro... y cuando ya piensas que has terminado por hoy la consulta, aparece otro paciente de reciente diagnóstico, diagnosticado por primera vez de cáncer... y otra vez vuelves a dar lo mejor de ti para el paciente y su familia.

Hemos dado sólo una pincelada de los "sentimientos" del paciente oncológico (en este caso, por ser la especialidad del doctor Ortega).

La importancia de una actitud positiva, de la familia y amigos, del apoyo psiconcológico y la entrega y dedicación de los profesionales.

Quedamos a vuestra disposición, si Mely nos vuelve a llamar analizaremos en profundidad cada tema de los que hemos dado una pincelada.

Cuando se simplifica y se resume tanto, dejamos fuera innumerables detalles.

Un fuerte abrazo a tod@s. " Dr. Ortega.

Gracias al doctor Ortega, pude perder el miedo, aquel que enfrentas en una sala de espera de oncología. Allí, sola, reflexionando sobre las posibilidades, centrándome en la no posibilidad de contraer más nada que no estuviera en mi mente. Abatida, sí, porque nadie, debería encontrarse en momentos así a solas, y es que a veces, nos empeñamos en ser más fuertes que nadie, en no pedir ayuda o compañía. Gracias a las palabras en consulta del doctor, a su psicología por leer en mi mirada la palabra "miedo" a pesar de mi sonrisa, él supo orientarme para llegar al origen de esos marcadores tumorales. A quitar importancia pues esos marcadores no significaban nada.

El trato del médico con su paciente es fundamental Nadie sabe cómo enfrente el paciente un diagnóstico.

Observo en las consultas que casi todo el mundo va acompañado, y al salir de esa consulta, un brazo sobre el hombro, una compañía que alivia el frío interior.

¿Y quién lo enfrenta solo? ¿Por qué cargar a nuestros familiares, amigos, con la tarea que tienen de ser soportes?

Nos engañamos a menudo. Solo uno mismo ha de ser fuerte, y no cargar en los demás la responsabilidad emocional, de si nos ayudan... mejoraremos.

Obvio que puede ser así. Pero sigo insistiendo que la fuerza es PACIENTE-DOCTOR-PACIENTE.

... Lo dejaremos aquí para organizar "Jornadas del Cuidado al cuidador", que también las emociones de este último se deterioran y podrían repercutir o salpicarle y no nos damos cuenta.

Un día empecé a demostrarme a mí misma que era capaz. Cosas que antes creía inalcanzables...

Pero tuvo alguien que venir a decírmelo. Amigos que realmente me abrieron los ojos. Desde aquí, les lanzo un ABRAZO. Omito nombres por-

que saben quiénes son. No más de dos.

Desde la atención al cliente más exigente, aprendí a exigirme yo. Y a cruzar nuevos puentes.

¡¡Atrévete a cruzarlos tú!!

A través del siguiente Testimonio que el Dr. Sansalvador relata lo que ve en una consulta, basado en este caso personal como paciente, veremos cómo la CONCIENCIA, los patrones adquiridos, nos dirige por encima de lo que realmente deseamos.

Te invito a leer este testimonio, tremendamente interesante, que el doctor comparte con nosotros. También os aconsejo la lectura de uno de sus libros: "Origen" Frecuencias de Energía.

✧ MEDICINA INTEGRATIVA
Por Dr. Justo Sansalvador
"El cuerpo refleja lo que tienes que cambiar"

Y Mely apareció en mi consulta, con una mente tan abierta como para no tener que explicarle nada.

Pero lo hice, como a todos, ya que cuando obtenemos respuestas en la vida, la tarea y los propósitos son más fáciles de encauzar, y la realidad cambia.

Todo ocurre por algo, no existen las casualidades. Como te expliqué, somos cuerpos físicos y somos energía. Simplemente son dos formas distintas de ver lo mismo. Y gracias a la física actual, podemos comprender que antes va primero algo, llamémosle ORIGEN.

Y en esta premisa se inició mi caminar en el estudio, comprensión y transformación de la energía humana que resumo con la palabra **"CONCIENCIA"**.

Todos los estudios neurocientíficos actuales han llegado a la misma conclusión: la mayor parte de lo que hacemos, pensamos y experimentamos es inconsciente.

Pasa por su análisis y sufrimos su respuesta. Es decir, que has dicho que "no" cuando querías decir que "sí", te has enfadado cuando lo que querías expresar era pena, te has culpabilizado de algo cuando querías realmente ser indiferente.

Qué fuerza tiene el inconsciente que te roba la voluntad, tu libre albedrío de elegir, y que tus deseos libres pudieran fluir como órdenes.

Yo simplemente te ayudé a construir tu nueva conciencia, para que ganara tu deseo, TU VOLUNTAD, tu libre elección o albedrío. Se puede hacer, se debe hacer. Pero para ello tenías que comprender y **tomar conciencia de lo que eres, de dónde vienes, a donde vas y por qué estás aquí**.

Tú y todo el mundo.

Mely, viniste a la vida a recuperar virtudes perdidas, fruto de malas experiencias del pasado, de un pasado lejano. Pero como siempre le digo a todos, para la consciencia no existe el tiempo, todo es hoy y ahora.

Y aunque fue pasado, sólo te influirá en cada instante de tu vida presente, a tiempo real, acompañándote a lo largo de la vida, **haciéndote creer que no puedes, que mereces, que no vales, que eres culpable...**

Eso es falso. Claro que puedes, claro que mereces, claro que vales, claro que no tienes la culpa. Pero como ya te he dicho, perdiste tales virtudes en tu camino de las vidas, por malas experiencias pasadas.

Tu propósito vial era recuperarlas. En tu cuerpo físico estaba el reflejo y la pista de lo que tenías que hacer. En tu conducta y forma de pensar también.

Quién me iba a decir a mí que para ayudarte tenías que volver a nacer, en vida, aprovechando tu mismo cuerpo pero debiéndolo transformar claro está, con tu nueva conciencia, mejorada y renovada.

Quién me iba a decir que esto mismo ya lo había dicho alguien en 1990. Una mujer, física de la NASA llamada *Barbara Ann Brennan.

Pues sí, se puede cambiar toda nuestra conciencia. Se puede anular nuestros miedos, nuestras culpas, creencias inconscientes de que no valemos, que no podemos, que no merecemos, que no podemos querernos... **Y se puede porque para eso venimos a la vida,** a cambiar dichas perspectivas automatizadas de la realidad exterior.

Venimos a aprender qué falla en nosotros. Venimos a que gane nuestra voluntad y el deseo y vencer al inconsciente que dice lo contrario. **Ese era el origen de nuestro estrés**, hacer cosas cotidianas que para nuestro inconsciente era peligroso, amenazante, por miedo, rabia, inseguridad, resentimiento, culpabilidad, etc.

Y es que si supiéramos por qué, todo empezaría a verse distinto y a dejar de ser peligroso, amenazante, estresante.

Y eso es lo que hicimos, **comprender por qué te estresabas, por qué somatizabas en tu cuerpo y por qué no podías avanzar en ciertas áreas de tu vida.**

En tu inconsciente estaba la pista, el problema, curiosamente justo al lado de las soluciones de las que todos disponemos. No venimos a sufrir como muchos dicen.

Claro que se sufre si no cambias, si no haces nada por cambiar y culpabilizas al mundo de tus desgracias.

Pero este universo tenía un regalo especial para ti y para todos aquellos que se quisieron parar en sus vidas, mirarse dentro y reconocer qué tenían que mejorar, qué actitud nueva tenían que tomar, de qué prejuicios tenían que despojarse y cómo podían empezar de nuevo.

Yo, como muchos otros que estudian la conciencia humana, soy mera herramienta de ayuda.

Tú lo has hecho a la perfección.

Y recuerda, da igual en qué momento de la vida y con qué edad uno desea cambiar, porque a la conciencia humana, todas nuestras ondas electromagnéticas del ADN que constituyen nuestra mente, le importa poco si proceden de ancestros y otras vidas.

Solo le importa que ya son tuyas, son para ti, que constituyen tu ser, tu yo, tu espíritu, tu alma, tu mente, y que a mí me gusta llamarlo **CONCIENCIA.**

Así que recuerda. Viniste a ser una mujer independiente, en todos los ámbitos de tu vida, autosuficiente y merecedora de logros y consecución de objetivos.

Tu inconsciente creía que no, y eso atraías como pista de tu superación.

Viniste a quererte, poder tener ilusiones, proyectos y ser capaz de conseguirlos.

Tu inconsciente creía que no, y eso atraías. Viniste a recuperar tu hogar familiar, tu sitio real o simbólico, ese bienestar detenerlo. Tu inconsciente creía que no, y eso atraías.

Gracias, Mely, por tu confianza en mí. Personas como tú han hecho que crezca como persona, como médico, por el bien y el éxito de todos".

Gracias siempre al Dr. Justo Sansalvador.

A su consulta llegué hace ya más de dos años.

Tras el fallecimiento de mi padre, a quien pude acompañar hasta el último Momento donde las vivencias se quedan por respeto en la intimidad familiar. Tras episodios complejos, donde contener emociones, que supuso otra presión añadida a lo externo, mi naturaleza, fue desencadenando, una serie de factores que hacían que las defensas, los marcadores tumorales, sistemas y órganos estuvieran en alerta con diagnósticos que parecían un peregrinaje de "oca en oca y tiro porque me toca", misterioso.

Poco a poco... iría mejorando, a medida que mis emociones y conciencia también mejoraban.

Realmente, ponerme en manos del doctor, fue un antes y un después, que traspasaba todo tratamiento. Cada área a tratar significaba un terremoto en todos los órdenes. Las ondas... las vibraciones que yo generaba después, llegarían a términos increíbles. Si yo no lo hubiera vivido, no lo hubiera creído.

En cuanto tenía algún episodio de culpa, miedo, no merecerme más de lo que debiera y cuando por cualquier razón me sentía en el "abandono" del amor, salud y prosperidad, de nuevo desencadenaba algún dolor físico. El doctor Justo estaba al tanto, y seguíamos con la kinesiología. Me hacía ver, interpretar esos cambios.

Entonces me conciencio de todo lo mejor que me pueda pasar sin fantasías, porque todo es posible.

Al hacer alusión el Dr. Justo Sansalvador a la Dra. Brennan, os amplio información a quienes no la conozcáis. El conocimiento, no lo olvides, es RIQUEZA y PROSPERIDAD. Abre la mente a la LIBERTAD.

*Barbara Ann Brennan se doctoró en física atmosférica y trabajó como investigadora en la NASA. Durante los últimos quince años se ha dedicado a estudiar el campo de la energía humana y a practicar la terapia bioenergética. Es autora de dos libros, "Manos que curan" y "Hágase la luz", que se han convertido en pilares tanto de la nueva medicina como de la literatura *New Age*.

> Es tu vida, no necesitas permiso de nadie para vivir la vida que deseas. Sé valiente para vivir según tu corazón. Roy T. Bennett

❖ LA FIBROMIALGIA, A SECAS.
Por Dr. Manuel Blanco Suárez,
especialista en medicina interna.

La fibromialgia forma parte de los síndromes englobados en el síndrome de Sensibilidad Central. Aunque no conocemos la etiología de la fibromialgia, en los últimos tiempos se ha avanzado mucho sobre el conocimiento de las razones fisiopatológicas que la producen. Es un síndrome ocasionado por la alteración en la interacción entre el sistema nervioso central, el neuroendocrino y el inmunológico. Existe una sensibilización del sistema nervioso e inmunológico a la exposición de distintos estímulos externos e internos (sustancias químicas, electromagnéticas, fármacos, alimentos, estrés etc.) y una disfunción mitocondrial.

La fisiopatología multifactoral que ocasiona este síndrome explica la sintomatología tan variada que presentan estos pacientes, entre los que destacan el dolor, el cansancio, los trastornos del sueño, los trastornos digestivos, la labilidad emocional etc.

Estos pacientes notan una sensibilidad exacerbada a los distintos estímulos, con las luces, los ruidos, químicos e incluso ingesta a algunos alimentos, también son muy sensibles a las situaciones que le generan estrés, pues las respuestas neuroendocrinas que se originan con este, forman parte de la fisiopatología del proceso.

Un abordaje multidisciplinario sobre las dianas fisiopatológicas afectadas puedes regular la disfunción existente y por lo tanto aliviar la sintomatología descrita. Una de estas puede ser el manejo del estrés y de la labilidad emocional existente. Si además trabajamos a nivel del sistema nervioso central, a nivel inmunológico, a nivel del eje alimento-microbiota intestinal-barrera epitelial digestiva/permeabilidad intestinal y a nivel del estrés oxidativo/disfunción mitocondrial, procesos podemos conseguir una regulación de sistemas y una mejoría franca en el padecimiento de estos pacientes.

CAPÍTULO DOCE

Aguas turbulentas

"El agua es la fuerza motriz de toda la naturaleza".

Leonardo da Vinci

Mi Querido compañero de camino, como así te imagino. Este libro está siendo un continuo ir y venir. Como un río… aguas que van y vienen.

Es un probarme continuamente sobre lo que digo realmente y escribo para reafirmarme que sea cierto. Me prueba constantemente a mí misma detrás de cada afirmación.

Puede ser que en este proceso donde estoy destapándome, también descubra esas emociones que creía ya superadas.

Las emociones CAMBIAN. Se ven de distinta forma, se sienten de distinto modo cuando pasa el tiempo. Pero aquello que te produjo una sensación, no se olvida. Entonces, lo veías desde otra perspectiva.

Hace unos días, tal como te conté en un pincelada en el Capítulo Siete, tuve una llamada de un amigo que me decía que la vida no tenía sentido para él. Que estaba a punto de una barbaridad.

Y en mi afán de inyectarle toda la alegría, cuando sentía que mi vida sí lo tenía y así se lo transmití, le quería convencer de tantas cosas buenas, de tanto por vivir con los hijos, los amigos, los nuevos proyectos, que me puse en su piel.

En mi mente no veía lo que mi amigo "a gritos" me decía: que" NO- TENÍA- SENTIDO -LA VIDA", lo llegué a juzgar: "Con todo lo que tiene, con la familia ideal, ese trabajo seguro, no le falta nada, y ¿dice que no tiene sentido?".

Y mi mente empezó a pensar en ello. **¡¡ERROR!! JAMÁS TE DEJES ATRAPAR POR LOS PROBLEMAS, LAS PENAS DE OTROS, JAMÁS TE IMAGINES EN ELLAS, PORQUE SE APODERAN DE TI. Solo enfócate en soluciones desde una actitud optimista.**

Y hay que ver cómo funciona esto de las vibraciones, increíble... Después de hablar tanto tiempo e integrarme en la pena de mi amigo, me llegó a mí también esa frecuencia negativa. No supe poner un parapeto para que no me traspasara:

"¿La vida no tiene sentido?".... Me repetía con ese tono de palabras negativas: Ese mismo día, al poco rato, tuve una discusión con una persona que es parte de mi ser, y en esa discusión me derrumbé.

Y fue entonces cuando me caí yo... para perder el sentido a la vida... Increíble.

En pleno proceso de escribir un libro de superación. ¿Cómo contar esto? ¿Cómo seguir dando ejemplo de qué? ¿A quién llamar?

......

Lloré, lloré, lloré y lloré.

Nada me consolaba.

Y decidí ponerme a escribir... y me sentí sin sentir.

Soy consciente ahora que la vida me dio esa prueba, de nuevo, para ponerme en ese camino de decidir

¿QUÉ QUIERO HACER CON MI VIDA?

¿A QUÉ TENGO MIEDO?

¿QUÉ VOY A HACER?

Y SUPERANDO ESTA PRUEBA, reafirmo cada palabra, aún más de que **tras cada desafío hay una bendición.**

Tuvo que pasar eso.

Tuvo que interponerse esa situación, detrás de todas las palabras que había escrito para corroborar que las EMOCIONES que nos causan miedo, tristeza, abandono, tocan los órganos y células, y al ser Energía, se nos bajan o suben dependiendo del grado de cercanía a aquello que lo transmita.

Un concierto te sube la Energía, vibras.

Una persona triste, monotemática en su run run a sus problemas y penas, te baja totalmente la Energía, te absorbe.

Los colores ¡¡¡también suben la energía!!!

Un abrazo ¡¡¡También transmite!!!, o no... dependiendo de cómo, quién te lo dé y el motivo por el que se dé, te transmitirá energía o en su defecto te la robará. OJO

Vampiros o Luces.

✧ LA MENTE FANTASMA

LA MENTE FANTASMA: me bloqueó, algo hubo que mi energía limpia, sana, alegre, ocurrente y positiva, se esfumó durante tres días.

No quería saber nada del mundo.. No quería continuar alargando la supervivencia.

¿Qué me pasó, Dios mío?... me pregunto ahora, desde fuera. Y la respuesta es:

Te atrapó de nuevo el MIEDO. Al darle tanta importancia a esa pregunta de la vida, con la carga de negatividad que la volviste a plantear, te traspasó. Me dejé llevar...

En esos momentos, me fui a la playa, a caminar: con los ojos hinchados no podía seguir escribiendo, con la mente vacía, no tenía con qué rellenar ni un renglón, no podía argumentar la superación, argumento de mis libros.

Y sin darme cuenta, ¡estaba siendo mi propio mentor! Y fue así cuándo y cómo salí de esa espiral en la que yo misma me vi envuelta.

✧ ¿Y Tú, te Amas?

Volví a casa y vi en el buzón, un paquete.

Era un libro que había pedido "YO ME AMO, ¿Y TÚ?", de Francisco Vega Castellanos, *Best Seller* del grupo de Lain de cursos anteriores.

Y me hice esa reflexión: "¿Mely, tú te amas?"...

Y luego, fui consciente que durante mucho tiempo he amado más a los demás que a mí misma.

Que lo que había hecho hasta ahora, todo lo que yo había estado superando, era por el bien de mis hijos, de mi familia, por el trabajo. Estaba siempre pendiente de no fallar a ningún amigo, a ninguna amiga, a mis hermanas, a mis hijos, aunque irremediablemente y sin querer les había fallado alguna vez, seguramente.

Y fue cuando di gracias por esta prueba, justamente en mi "legado" que anima a remontar a la vida. Tocaba realmente poner en práctica todo cuanto estas líneas contenían.

Y así hice. SER COHERENTE. HACER, SENTIR Y DECIR lo que PIENSO.

¿Me comprendes lo que quiero decirte?

Cuando uno no entra en lo que los demás quieren que hagas, sueltan lo que piensan sobre ti, sin reparos, y a los dos minutos, ya te han hecho ese daño, no digo que lo hagan conscientes, pero al rato, ellos siguen en su onda, y tú sigues dándole vueltas a aquello que te dolió. Mal hecho.

No sigas en esa espiral negativa que te atrapa, por favor... sal de ahí y enfócate en esa "calle" con salida.

Es ahí cuando tenemos que ser coherentes y pensar: "No trato de convencerte, son mis pensamientos", como bien dice un gran amigo del que tanto aprendo.

A los tres días, ya ese llanto se convierte en Gratitud.

Empieza a surgir "milagritos":

Una llamada, esa llamada que esperas como agua de mayo, porque pocas personas saben hablarte desde el corazón.

Luego otra llamada, una respuesta de un editor con nuevas propuestas, que te despierta y te PONE DE NUEVO EN EL **ENFOQUE** de tu ilusión: Tus libros, con lo que representa:

1. AUTOESTIMA

2. SUPERACIÓN

3. PROPÓSITO

4. LEGADO

5. GRATITUD

6. UNIÓN

7. COMPARTIR

8. METAS

9. CONTRIBUCIÓN

10. PROSPERIDAD

Y YA VAS CAMBIANDO DE VIBRACIÓN, reencuentro poco a poco con ese ser bueno, que perdona, que acepta, que solo quiere el bien y que más que sobrevivir busca VIVIR. Te vuelves a encontrar contigo mismo, porque tenías esa intención e hiciste que pasara.

<u>¿PARA QUÉ LOS BAJONES EMOCIONALES, LOS QUIEBRES, justamente CUANDO TODO IBA BIEN?</u>

Y es entonces, cuando un ALMA LINDA llamada NURIA, me escribe un mensaje:

✧ MENSAJE u ORACIÓN:

"Puede que te sientas desesperado.

Que no tengas fuerzas para seguir.

Quizás pienses que esto no valió la pena, pero quiero que sepas que sí valió.

El camino que recorriste no fue en vano.

Tienes una misión que deseo que cumplas y no es por exigirte es porque hay personas que te necesitan. ¿Qué sentido tendría que vivieras sino para servir a los demás?

Déjame decirte que yo estuve siempre a tu lado pero tú no me supiste ver ni escuchar.

En cada mensaje que te daba lo tomabas como premio, como algo que te pertenecía y así no es.

Cuando veas en todo un acto de amor y no de miedo, cuando tu miedo desaparezca y no me pidas todo con ese miedo, entenderás por qué no recibiste lo que tanto pedías.

Lo hacías desde el ego, desde el miedo.

No debes temer por lo que no tienes sino por lo que no eres capaz de dar. "El hada Nuria Sala
****

Y es verdad que cuando das, ya es generosidad, pues en esa entrega, de dar y recibir siempre se gana. Y pedir con FE es un adelanto. Muy diferente a pedir con miedos.

Cómo interpretes ese mensaje, eso será para ti.

Yo aún sigo preguntándome y dando diferente sentido a este mensaje... El más importante, el que destaco en negrita.

CAPÍTULO TRECE

GRACIAS, Doctor Sansalvador

"La Ley de Atracción afirma que todo aquello en lo que centras tu pensamiento, tu diálogo y tu lectura de forma intensa, es lo que más vas a atraer a tu vida".

Jack Canfield

Más tarde, ese mismo día, llamé al doctor Sansalvador. Me dolía tanto la cabeza, tenía tanto malestar.... Seguía conectada en su tratamiento y los cambios de impresiones eran parte de las consultas que siempre respondía a tiempo.

"¿Qué estaba ocurriendo ahora con lo bien que ya estaba? ¿Cuál ha sido el detonante de esta bomba emocional? ¿Por qué tiendo a temer al amor, por qué esa desconfianza repentina, ese miedo? ¿Será que sigo pensando no merecerlo?".

Para hablar y entender de salud, hay que ver qué pasa dentro de estas emociones del Amor, de la Confianza, sobre todo a uno mismo. De saber cuánto vales y a partir de ahí CREERTE que te AMAN de verdad.

Y fue esto lo que el doctor respondió:

◆ "La ley de atracción es la ley del espejo"

"Es cómo funciona el universo, de ti sale no solo lo que forma tu cuerpo sino más allá.

El cómo te ve el mundo, las personas y el cómo te hablarán, te tratarán.

Obviando donde creces y consigues metas, áreas sanas, debemos preocuparnos en la vida de mejorar donde ranqueamos y nos frustramos.

Esto está condicionado por los dramas vividos en vidas anteriores, reproduciéndose de nuevo en esta vida para que cada uno de nosotros las gestionemos, mejoremos, liberemos o las perpetuemos.

Es cuestión de identificarlas, ser conscientes y **CAMBIAR DE ACTITUD.**

Aunque mi técnica pretende que ocurra progresivamente espontáneamente, es bueno saber qué se puede hacer para ir acelerando.

En tu caso, viniste a ser una mujer independiente de un hombre.

Viniste a sufrir una parte de machismo, y tu liberación

y meta es anularlo.

El no que crees de tu posible y futura pareja refleja que eres de las que como opción en ti es recibir el NO.

Si quieres Recibir el Sí, debes cambiar de actitud.

Elimina tu dependencia, tu permisividad, tu condescendencia y pasa a la acción de ser una mujer independiente, no permisiva ni condescendiente.

Si quieres A, no puedes vibrar en B, debes vibrar en A, sonriendo en A, vistiendo en A, moviéndote en A, hablando en A, le guste o no al mundo.

Tú quieres A y deseas a un hombre que te dé A, no B. **Has venido a ser feliz tu, no hacer feliz a los demás.**

Que es lo que quieres? **ve a buscarlo, cada día, con intención mental. Ya el universo se encargará de materializarlo.**

Te queda avanzar un porcentaje ya mínimo, de tu todo, todo físico, todo mente, todo espíritu, todo divinidad, todo emociones.

Faltan muchos cambios por venir". Dr. Justo S.R
****

¿Qué significa todo esto? Una vez más, que esos dolores de cabeza no se me quitarán hasta que cambie mi Actitud. Tal como hice para superar la fibromialgia: poner todo boca abajo.

Estás asistiendo en directo, a la superación de una persona que tiene un compromiso, salir adelante por el bien de su familia y sobre todo porque quiere usar estas herramientas para que por medio de ello podamos crear tertulias, mesas redonda para animar a unos y otros, colectivos de personas que por alguna circunstancia necesitan de las experiencias de quienes hemos salido adelante, y en ello confío mi futuro que estoy labrando, para que la RECOLECCIÓN de toda esta siembra caiga en tierra buena y recojamos los frutos y a su vez veamos crecer.

Podría haber invertido en diseñar una colección de ropa o de algunos complementos que tenía en mente, de camisetas ilustradas por mi hija, pero elegí este medio como herramienta, legado y forma que no pase de moda. Porque lo que se da con el corazón y cuando uno se abre con ese fin no caduca.

Sigamos, pues, aprendiendo de estas aguas turbulentas, de la ley de atracción y de tantas cosas nuevas que en nuestra creencia no estaba contemplado salir de lo habitual.

De vez en cuando, no seas tan cuerdo, salta, canta, ríe más a menudo, y ya verás como este hábito trae a ti energías nuevas y buenas.

Creer en algo nuevo también resucita.

CAPÍTULO CATORCE

"Mens sana in corpore sano".

Décimo Junio Juvenal, siglo I a. C., poeta romano, da sentido en esta frase a la necesidad de un espíritu equilibrado. La Filosofía griega, sobre el cultivo de la mente, el cuerpo y el alma para alcanzar el equilibrio.

Se atribuye también a Platón la frase "Mens sana in corpore sano", aunque según referencias que he buscado, no hay datos reales de ello.

✧ Nena, tú vales mucho

"Nena, tú vales mucho", me dice un gran amigo cada vez que asoma un atisbo de dudas a nuevos cambios imprevistos, y porque las secuelas tardan en curar y a veces me derrumbo, como persona, quizás porque aunque solo fueron cincuenta y un años los que llevo, fueron muy intensos, y en ello mido yo la edad: en la intensidad.

Y es esa chispa "TÚ VALES MUCHO", la que enciende la luz que hay en mí, Por ello quise titular este segundo libro así.

Podemos culpar a la alimentación, al estrés, a la pareja, a la economía que nos ahoga... Pero en definitiva, y por lo que he aprendido, es que sin salud mental no hay salud física.

Y antes de aprender tanto de medicamento, de vitaminas, de tratamientos, que también, hay que comenzar por la prevención emocional.

Fíjate, hacía muchos años que ya quería escribir sobre las EMOCIONES, y no me atrevía. Diez años después, precisamente septiembre, 2010, comienzo a hacerlo. ¡Quién me hubiera dicho a mí hace diez años, que yo estaría aquí!...

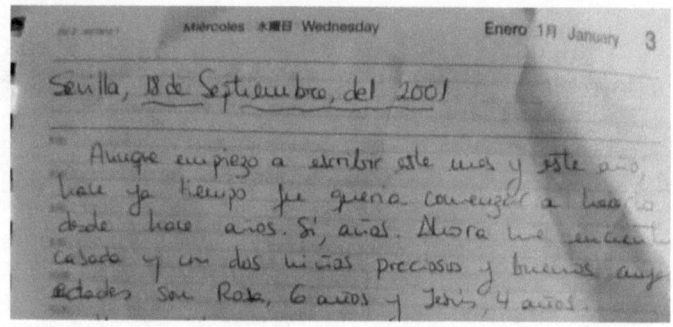

Ahora, te invito a escuchar esta canción.

Más allá, Gloria Stephan https://youtu.be/gZybd1NP-Qk

No soportes más dolor, reflexiona. Quizás solo sea nervioso, aun así, háblalo. Sácalo de dentro. Bien con tu pareja, con quien creas que te transmite ese dolor, o si temes, con el médico, con un psicólogo, con un amigo... pero suéltalo.

Si persiste, afróntalo. Ya debes saber a qué se debe. No te engañes. No conduce más que al deterioro personal. **Cuán lejos de lo que Dios quiere para ti, qué mentalidad esa que nos hizo tanto daño** la de "mujer sumisa" o la del "hombre perfecto".

No hay que darle más trascendencia, pero en mi caso, un día hablando con amigas, de la misma generación, comentábamos que estábamos educadas a ser "perfectas", y ser perfectas significaba ser hacendosas, y que no te plantearas más allá de lo que te estaba "permitido". Había alguna amiga que se negaba a seguir en esa mentalidad y el cómo salir de esos cánones era realmente un hecho heroico.

Y ahora, hablando con otros amigos en esta etapa, me encuentro con personas que tienen secuelas de esa mentalidad, aun habiendo salido de esos cánones: muchas terminamos por separarnos, con grandes lastres de culpabilidad, y dolores crónicos, de desconfianza en las relaciones.

Mujeres y hombres válidos, fuertes, inteligentes, alegres, imparables... que ahora están con tratamiento para curar lo que las emociones generaron.

Sin duda, y me consta, que a la mayoría de una generación nos educaron para crear una familia, y sacar el pie de ahí supone ya no solo hacer, sino el simple hecho de plantearse una vida independiente, es algo que durante mucho tiempo no estaba ni permitido dentro de la misma familia ni bien visto por la sociedad.

La mentalidad dichosa, siempre esclavizando al ser humano.

✧ ESTO ES LO QUE ENFERMA LA MENTE

ESTO ES LO QUE ENFERMA LA MENTE: LA EXCLAVITUD DE CREENCIAS IMPUESTAS.

Continuar tu camino es la "obsesión" de salir adelante, de visualizar esas tardes de felicidad, de risas, de compañías de tu misma vibración...

Así que ya hemos hablado un poco del origen de las enfermedades.

Cada uno que tome nota, y si tú tienes algún dolor crónico, sería muy bueno solucionar primero de donde viene y luego, seguir un tratamiento. Yo lo hice.

CAPÍTULO QUINCE

Sana soledad

Cuando veo tanta "Felicidad" en las redes sociales:

"En la playa con mi amor", "La familia hoy en un crucero", "De compras por Londres", "Con mis amigos de fiesta", y observo qué pocas veces subimos y nos orgullecemos de "Mi puesta de sol hoy, a solas, en la playa", por ejemplo, es cuando observo la valentía de la gente a exponerse en esa "soledad llena".

Cada vez hay más gente que, por CIRCUNSTANCIAS, no tienen pareja, o si la tienen, necesitan ese espacio a solas, donde llenar su felicidad.

Cuando la gente te ve que viajas sola, sola y te dice, "¿Tú sola, tú solo vienes?", suena como a "qué pena, está solo", y ya estamos dando un juicio que genera en el otro ese sentimiento de "bicho raro".

¿Por qué tenemos esa tendencia natural a creer que el estado normal es el de la mayoría?

¿Por qué excluimos siempre al que está solo, es de otra raza, de otra ideología, estado "civil", diferente al nuestro, al que por circunstancias eres como eres y tiene lo que tienes?

El mayor dolor que puede sentir una persona es la de sentirse en territorio de nadie.

Yo lo he sentido algunas veces, y créeme, que es de los más tristes que he podido vivir.

Cuando en Navidad, o en verano, las familias van y vienen.

Cuando vas a almorzar sola, solo, y tienes a tu lado a una familia llena de niños, parejas, abuelos, amigos, y te ves, a ti tranquilo, tranquila, con tu bebida, y recuerdas que un día tú también tuviste esa mesa llena de familia… y que por circunstancias, estás fuera de tu ciudad, o quizás ya se dispersaron esos momentos porque no coincidías.

Sales a dar un paseo, y a veces, te tienes que volver antes de tiempo. Porque no encajas.

Y quizás, es porque has decidido tú, bajo tu libertad, o porque necesitas ese tiempo de desconexión, estar un tiempo así.

Pero en esa oportunidad, es muy difícil que la sociedad te la dé.

Y esto empieza a emocionar. Y a doler, y se producen las enfermedades….

¿Quién las causa entonces?

¿Soledad sana?

¿Soledad que excluye?

¿Quién nos aísla?

¿Qué hacemos con aquel que vemos solo?

¿Acaso no sientes tu soledad, en medio de tanta gente? ¿En medio de tu propia familia?

¿Acaso la soledad sonora, esa que estás junto a tu pareja y ni os miráis? ¿Es eso amar?

No juzguemos ni creamos que lo nuestro es lo mejor.

Ni creamos que la vida de los demás es la mejor.

Esto es un juicio personal, que me lleva cada vez más, a hacer un trabajo interno, para no DEPENDER de nadie.

✧ La DEPENDENCIA

La DEPENDENCIA es lo más alejado del amor, es lo más parecido a los intereses propios.

Tú imagínate que te apetece salir, dar un paseo, pues porque el médico dice que tienes que caminar, pero en ese momento has roto con tu pareja, o estás pasando por situación complicada. O simplemente, no tienes pareja.

Pasas por un parque, y ves a parejas besarse, madres con hijos charlando, padres con sus hijos paseando, otros tomando café, otros en una tertulia... y la escena se va repitiendo cada cien metros.

Misma situación en diferentes personas.

Y te encuentras a un amigo:

—"Hola, ¿qué tal estás?"

—"¿Pues bien, aquí, dando un paseo, ¿y tú?"

—"Muy bien, hemos quedado un grupo de gente hoy para tomar café y llego tarde. A ver si un día te vienes con nosotros, que siempre estás solo, tío"

... Y esa última frase sentencia algo negativo.

Un juicio. ¿Y tú qué sabes? ¿Acaso sabes qué hace esa persona en sus momentos en que no se le ve?

¿Acaso por no subir fotos en su máxima alegría, respetando su intimidad, ya está excluido?

¿Acaso ese "a ver si un día"... depende de uno mismo y no de la apertura de grupos cerrados?

Es importante que en la medida de lo posible, vayamos

trabajando esta SOLEDAD que SANA.

Sana porque depende de ti.

Sana porque tú también tienes tus amigos, tus eventos, tu familia, tu espacio.

Sana porque no necesitas APEGOS para pasar un día de domingo, con un libro, sentada, sentado en una toalla en silencio, escuchando música, cuando TÚ QUIERES SENTIR ESTE PRIVILEGIO.

Parece que estar con gente siempre, de manera permanente, es decirle al mundo que te quieren más por eso, y por eso tú eres más feliz, más sano, y tienes que demostrarlo.

Reconozco que estar con gente, que me encanta y comparto, es una de las terapias más sanas. Que compartir todo aquello que te afecta con oros de tu mismo perfil es adecuado.

Y hay clanes y todo.

Sin embargo, o quizás es lo que estoy viviendo en esta época de emprendedora, cada vez que paso más horas conmigo misma, más relativizo las opiniones de los demás.

Más llego a conocerme y en ese conocimiento, más llego a los demás.

Me explico, escucho mejor, valoro un café compartido mucho más.

Me hace muy feliz pasear en una tarde en medio de la vida.

Sí, en medio de la vida. Mientras todos llevan su ritmo de oficina, el hermetismo de horarios, yo salgo a dar el paseo, pausada, mientras veo el ritmo al que un día también estaba yo sometida.

Lo normal es llevar ese ritmo, trabajar, recoger a los niños, ira casa de tus padres, reuniones...

Pero... ¿y si un día no tienes nada de eso?

Pues te deprimes, los recuerdos te recomen, baja tu energía, tu sistema inmune se debilita.

Porque- no –eres-capaz-de-vivir-sin-apegos.

¿Te ha pasado alguna vez?

Es deprimente, y quizás sea el comienzo de plantearse un suicidio, de no encontrar sentido a tu vida, de entrar en la espiral del "para qué hice tanto en la vida y verme así ahora".

Tenemos una fuerte responsabilidad, no solamente para mantener una familia, sino que no hagamos daño al presumir de tanta "felicidad" de cara a estas personas, que en épocas señaladas están muy solas.

En Navidad, yo misma, he podido sufrir muchísimo es sensación.

Desde que cambié de ciudad y me pasaba horas y horas trabajando. Y al salir, me iba a casa, pues la mayoría de los amigos estaban en casa de familiares, como la Navidad invita. Por aquellas fechas, mis hijos se iban a Sevilla, ya que era donde estaban todos, los primos, los abuelos, su padre...

El precio de la salud se paga bien caro, porque al elegir autonomía y salud emocional, dejando atrás mi vida, me encontraría en esta otra, con la soledad. Me hice amiga de ella, a costa de pasar pruebas difíciles, sabiendo que sería cuestión de tiempo.

Y ahora, en esta etapa, donde mi salud está muy bien, también soy capaz de aceptar, esas tardes de paseos a solas conmigo misma. Y cuando me llaman los amigos, o yo provoco una reunión, ¡festejo esos momentos, no sabes cómo!

Te invito a un ejercicio.

Y yo lo voy a hacer también.

Si conoces a alguien que está fuera de su ciudad, de su casa, si ves que está pasando mala época y ves que no sabes nada:

1. Llámalo. Invítalo a un paseo, al cine, a charlar.

2. Si te dice que no, déjale claro que le importas, que le seguirás llamando.

3. Si te dice que se encuentra bien, que no te preocupes, créetelo, y dile: "Seguramente estás muy bien, por-

que tienes razones para agradecer en tu vida, y sobre todo cómo eres tú de valorar la vida. Sin embargo, a nosotros nos gustaría contar contigo y que nos cuentes cosas, es lo que hacemos entre los amigos"...

4. Esto no solo le dará autoestima, sino que reforzará esa soledad a la que está aprendiendo llevar, y aunque no vaya, sentirá ese CALOR, que tanto necesitamos.

5. Si hacemos una cadena así, estaremos contribuyendo a que al menos HOY, haya tantas personas que se sientan menos sola como lectores que hoy leen estas líneas.

CAPÍTULO DIECISÉIS

Presión: ¿De dónde y cómo?

✧ Cuando teniendo fibromialgia tenía que llegar a mis objetivos.

En todo tratamiento, se espera y se aconseja que el entorno familiar nos apoye. Y apoyemos a su vez a quienes nos tengan que cuidar, o más que cuidar, comprender.

Hemos de ser muy francos, y pedir apoyo, en caso que las enfermedades sean crónicas o cuyos tratamientos sean de larga duración, sin saber si mejoraremos o en cambio haya recaídas.

Cuando informé en casa de lo que me pasaba, como ya te he contado anteriormente otros capítulos, al menor gesto de no entender mi enfermedad, yo me debilitaba. Porque ella para mí era difícil entender, que no tuviera fuerzas al cerrar un frasco, o sentir frío constantemente, o perder la ilusión de repente, cuando las analíticas iban muy bien y no sabíamos cuándo retomaría mi estado habitual.

En el trabajo, mi jefa, hoy mi amiga, Justa, me llamaba al despacho, cando yo era vendedora, y en las evaluaciones de One to One (evaluación entre director y vendedor para analizar en privado los resultados). En esas reuniones, ella me felicitaba por mis esfuerzos y me subía los objetivos. Al final del año, si lo alcanzabas, te daban un Bonus económico.

Recuerdo que estando en su despacho, le dije:

—"Justa, yo ya no puedo más, no me pidas subir más cifras, estoy muy cansada"

—"Sí, Mely, estamos todos cansados, pero las cifras hay que repartirlas y sé a quién puedo pedir más porque sé que lo hará"

—"Yo no puedo, de verdad", y sonaba a excusas, a flojera... pero el caso es que ya no podía ni imaginar cómo lo haría.

No podía decirle directamente lo que tenía, una fibromialgia crónica, que tornaba a severa. Le decía que no tenía en casa a nadie, ¡¡y esto era de lo menos profesional!!

Tú no puedes excusar unas cifras de ventas por un tema personal, y menos de si tenías que planchar, cocinar de noche o hacer los deberes con los niños.

¡¡Para colmo mi hija estaba en bilingüe, y esas ciencias naturales en inglés me quitaban el sueño!!

Poco a poco tuve que decírselo, porque mi carácter estaba muy alterado, saltaba por nada... Y me entendió. Pero entendió también que en lo profesional debía seguir dando el cien por cien...

Con los compañeros, me costaba más, porque podría parecer que yo buscaba excusas, o facilidades, o favoritismos que en alguna ocasión se había producido este parecer.

Así que mi respuesta fue una frialdad con mi jefa, porque había vendedores que no tenían ni la mitad de las cifras que me exigía a mí, y no estaba compensado. La única casa y con dos niños pequeños era yo, y encima con esto...

Por entonces, también me dieron el "cargo" de Responsable de ventas Corporate (encargada de atender a la grandes empresas e instituciones, con sus eventos correspondientes, dentro y fuera de tienda, y además formaba parte de las colecciones itinerantes como Made to Order (colección bajo pedido) que hacíamos en Lisboa, Madrid, Granada y Sevilla, entre las que yo iba).

¡Triple salto mortal! Quejarme sonaría a victimismo y hacerlo, quitar importancia a mi enfermedad.

Así estuve dos años más.

En casa, la responsabilidad era prioritaria, y todo ello formaba una presión en mí que me dejaría "como una marioneta".

✧ ¿Y qué es la presión? ¿Cómo nace?

Si buscamos en Wikipedia la palabra presión, se repiten las palabras "fuerza", "reacción"... Y solo imaginarla, nos produce agobio, falta de libertad.

El cuerpo reacciona ante ese estímulo que provoca rechazo, por el esfuerzo sea mental o físico que supone.

La presión puede ser dar lugar a una opresión asociada a la falta de libertad, que nos impide movernos con total independencia. Sea movernos, expresarnos... vivir la vida con una serie de impedimentos que no nos deja ir a nuestro "aire".

Precisamente, cuando no tenemos ese aire, nos falta y provoca que la presión arterial tenga una subida o una bajada.

Todo ello, debido a agentes externos que nos imposibilitan SER UNO MISMO, nos trae malestar:

Por tanto, yo me atrevería a pensar que la libertad es la condición natural del ser humano, y nos la hemos cargado, ejerciendo presión unos contra otros.

En el trabajo, sobre todo en multinacionales, en la Banca, Bolsa, o en deportes de élite, la presión resulta positiva, ya que se usa para llegar a metas que serán favorables para un equipo u organización. Se utiliza la presión para incentivar y ganar un objetivo, de manera tal que el equipo es presionado por un entrenador para que cumplan con su deber.

No me negarás que nunca has dicho "¡qué presión, por favor!", con una connotación de pesadez, y cómo nos incita a seguir hablando de un modo negativo.

A veces, esa presión es la que nos mueve, y desde luego, te voy a confesar que escribiendo este libro, en estos tres meses, estoy "motivada bajo presión", y si no fuera así, creo que no lo hubiera hecho. Lo postergaría...

¡Pero Lain me ha dicho que ha de estar en una fecha y esos es innegociable!, ya sabes cómo es Lain si has oído o leído alguno de sus libros.

O el mismísimo Robinson González, en su Libro "HAZLO AHORA", también *Best Seller,* que nos transmite constantemente una presión sana, motivadora, "a tomar conciencia del momento que vives. A tomar el control absoluto de tus decisiones...." él bien explica.

¿Y qué papel tiene nuestro entorno en toda esa presión que sentimos?

1. ¿Nos invitan a seguir con esas metas marcadas?....

....

....

2. ¿Nos invitan a abandonar en ese "cuídate, no te compensa", "búscate otra cosa más fácil y no te compliques?....

....

....

3. ¿Saben que lo conseguiremos y sin embargo la envidia o el ego de ver que ellos abandonaron impiden ni una palabra a favor o en contra? O sea, ¿es la indiferencia de los demás lo que te frena o lo que te mueve?.................

....

....

4. ¿Y cómo se vive con presión, cuando no te motivan? ¿De dónde sacas esa FUERZA?.....................

....

....

✧ DESPIERTA, CONCIENCIA. LA EMOCIÓN QUE SUFRE ES EL GRITO DEL CAMBIO.
Por Elena y Justo

Los seres humanos venimos a la vida a algo más de que nuestra conciencia alcanza entender. Entre un tímido y un extrovertido está la diferencia de por qué venimos a la vida. Conocemos poco de la mente humana. Ignoramos lo que esconde. No creemos en nosotros mismos, en nuestro potencial, en nuestras capacidades de cambiar las cosas. Y es que todos, por nacer, disponemos de la posibilidad de transformar cómo vemos el mundo, y cómo creamos la realidad que vemos. Hay un propósito en la vida que va más allá de la comprensión actual de la vida moderna. Cada ser humano tiene el poder de alcanzar la máxima virtud de aquel que ya la tiene al nacer. Todo ser humano tiene el poder de desarrollar la capacidad perfecta de aquel que ya la tiene. Aquel que ya tiene la perfección de una cualidad personal, es que carece de otra, propósito de su vida.

Todas las personas venimos a aprender. Venimos a mejorar y a desarrollar áreas vitales que son fuente de conflicto, de debilidad, de fracaso y frustración. Y es esa negatividad real la materialización de lo que el universo esconde para nosotros con el objetivo de ser cambiado.

El origen de todo empieza en nosotros. Como la luz de una sala de cine que crea la imagen, nuestra luz crea nuestra realidad. Pero venimos a la vida a, no cambiar perpetuando el drama o fracaso o a cambiarlo. La belleza de esta vida está en reconocernos y aceptar el error de nosotros mismos como punto de partida para coger las riendas del cambio, con la paciencia que obliga el universo para regalarte el triunfo de ese cambio en nosotros, motivo por el que se nos otorga de nuevo la vida. Pues la vida, de entre todas las que acumula nuestra alma, son segundas oportunidades para anular con mejores experiencias presentes, ese pasado mejorable y fracasado.

Solo aquel que es perfecto no necesita esta vida. Pues esta vida es la oportunidad para alcanzar la perfección que hay en ti, que ya hay en ti, pero en la creencia de que no, esta tu reto de despertar tu conciencia.

Somos la materia de nuestra conciencia, una energía capaz de cambiar tantas veces como opciones puedas imaginar. Y es cada día, la oportunidad para, con esfuerzo y lucha, alcanzar la materialización de ese cambio que solo empieza y acaba en ti.

La vida son lamentos si solo te fijas en los errores. La vida son oportunidades si en los errores ves la mejora de tu cambio. Aprender son los pasos diarios para hacer de la vida el sueño que tanto ansías.

Si él puede, tú puedes, si él merece, tú mereces, si él confía, tú puedes. Todos podemos adquirir el poder de la virtud, pues está en nuestros genes, dormidos esperando que los motives. En la creencia de que no, está la vida desaprovechada. No prolongues un problema cuando ya está en ti la solución.

CAPÍTULO DIECISIETE

Habla el psicólogo: Tips para hacer las paces, por Patricia María García, Psicóloga oncológica

"En primer lugar, me quiero dirigir a ti Mely, autora de la trilogía "más allá de tu piel" y darte las gracias por proponerme ser parte de un proyecto tan personal y con tanta alma.

Recuerdo cuando te conocí hace unos meses, en las redes sociales; sin duda tu carisma, fortaleza y constancia fue lo que más me llamó la atención de ti.

Para mi sorpresa, tú también te habías fijado en mi trabajo en redes sociales, te pusiste en contacto conmigo y charlamos. Fue maravilloso, compartiste tu experiencia de vida, los cambios drásticos y tu enfoque, pero sobre todo lo explicabas con una actitud llena de gratitud y amor por la vida.

Creo que lo más bonito de todo es tu generosidad y tu valentía al compartir con nosotros tu historia, tu amor por la vida, incluso en situaciones donde las circunstancias externas no lo hacían fácil, aún menos tu anterior situación de salud.

A veces, la vida nos pone un límite tan estrecho que casi nos ahoga. El cuerpo y la mente pesan, se llenan de cansancio, dolor y mucha tristeza porque las creencias que siempre nos han acompañado nunca sirvieron realmente para ser felices. Construimos unos hábitos y un estilo de vida creyendo que "es lo correcto". Al final, caemos en una trampa, nos esclavizamos por vivir en "automático", y así poco a poco pasa el tiempo y nos olvidamos del propósito real de nuestra vida, SER FELICES.

Nadie nos explicó que vinimos a disfrutar, que por derecho de nacimiento somos seres que merecemos amor y respeto. Creo que por eso, una de las pruebas más importantes a las que nos enfrentamos todas las personas es aprender a dar valor a nuestra propia vida, a respetar nuestras creencias y poder cambiarlas cuando no apoyen nuestro bienestar, a querernos por nuestras diferencias y a servirnos a nosotros mismos para ser cobijo y lugar de crecimiento.

En este libro, compartes tu viaje desde la esclavitud del miedo a la libertad del amor propio. Gracias por recordarnos que es importante amarse y respetarse.

Me gustaría hacer un pequeño aporte y compartir contigo, querido lector, algunos consejos que te ayuden a mejorar tu auto cuidado. Se trata de pequeños hábitos, sencillos de incorporar y que sin mejorarán tu calidad de vida.

1. Dar las gracias

Ya nos lo decían nuestros mayores: "siempre hay que dar las gracias". Cada vez más estudios demuestran que la gratitud produce directamente un efecto de bienestar psicológico en la persona. Si nuestra atención está centrada en esta emoción nos conectamos directamente con un sentimiento de abundancia. Nos ayuda a ser conscientes de una realidad bastante importante: "todo lo que hay a tu alrededor tiene un valor muy importante, en cambio a veces caemos en el error de dar por hecho que esas cosas o situaciones buenas se van a quedar siempre, y en consecuencia dejamos de mirarlas con amor".

Por tanto, comenzamos a menospreciar nuestro entorno, las posesiones, nos centramos en lo que tiene el compañero y nos falta a nosotros. Pero si estás conectado con la gratitud te protegerá de estas situaciones que tanta frustración crea al ser humano.

Te aconsejo que al despertar escribas 3 cosas, situaciones o personas por las que estás agradecido. Algo tan simple te ayudará a sentirte mejor. Sólo pruébalo.

2. Actúa

¿Quién no se ha descubierto a sí mismo encerrado en excusas para no tomar acción?. La mente quiere protegerte, siempre buscará que te quedes dentro de tu zona de confort. Por tanto, argumentará una y otra vez que pospongas un cambio o una decisión.

¿Qué ocurrirá al final?. Seguramente te acabarás frustrando, y más tarde debido al cansancio de esta sensación elegirás "dejar de sentir", para dormir todas estas sensaciones. Pero este malestar, esa incomodidad tienen este mensaje: "Este no es el camino acordado".

Cuando sientas que estás alargando una decisión o un cambio en el tiempo hazte la siguiente pregunta.

¿Qué conseguiré alargando esta situación?; ¿a qué tengo miedo?; ¿me alejo o me acerco de mi objetivo posponiendo mi acción?; ¿cuál será la consecuencia?

Estas preguntas te ayudarán a poner un poco de orden

a esa mente asustadiza, pues le encanta jugar a descolocar las piezas de la cabeza y crear una sensación de caos.

3. Meditar

No hemos descubierto nada nuevo, la meditación se practica desde hace miles de años. Siempre ha estado envuelta por un aura esotérica, y eso hace que la mente lo rechace. Pero también está avalado por la ciencia, hoy contamos con numerosos estudios donde se observan los beneficios de la práctica continuada de la meditación. Se ha podido medir el cambio de nuestro cerebro, la propia estructura cerebral cambia tras varias semanas practicando. Alucinante ¿cierto?.

Entre los cambios descubiertos, encontramos los siguientes:

- En el centro del cerebro hay una estructura que se llama amígdala, es parte de nuestro cerebro emocional, se activa en situaciones de estrés, amenaza o peligro. Las personas con problemas de ansiedad tienen las células de esta estructura más grandes de lo normal. Por tanto, facilita que la persona sea más sensible a expresar nerviosismo o ansiedad. Tras varias semanas de entrenamiento el tamaño de las células se reducen. Este cambio contribuye a que la persona sea más consciente de sus sensaciones y puede gestionar mejor su estrés.

- La meditación contribuye a reducir la actividad en los centros de auto-referencia del cerebro. Eso quiere decir que los mensajes del tipo: "yo tengo que", "yo debería", "él tiene la obligación de..." disminuyen. Me refiero a ese desfile de pensamientos recurrentes sobre preocupaciones, planes, imaginar desastres que aún no han pasado, que van de un lado a otro, cambiando tema, hasta de tiempo y espacio etc. Yo lo resumo como la habilidad de nuestra mente en complicar la experiencia propia, muchas veces nos "empeñamos" en encontrar causa y motivo a todo, de manera obsesiva, porque a nuestra mente le da seguridad (pero es una sensación falsa).

Puedes empezar realizando ejercicios breves de 5 a 10 minutos hasta ir ampliando. Un ejercicio muy bueno es caminar y llevar la atención a las plantas de los pies, así puede sentir la dureza del suelo, la textura del calcetín, el movimiento del tobillo...

4. Aprende a poner límites

¿Sabes que tienes derecho a decir "no"?. Bueno sino lo sabías celebro que hoy lo hayas descubierto. Es liberador. Las personas somos seres sociables por naturaleza, además la mayoría de nuestro contenido mental tiene que ver con situaciones que hemos vivido con otras personas. Por eso, es más importante todavía gestionar los momentos de conflicto, donde puedes sentir que estar desbordado porque quieres agradar a todo el mundo olvidándote de ti mismo.

Mi consejo aquí es muy directo, "no empieces la casa por el tejado". Si antepones a todos a ti, en un tiempo acabarás desgastado y no disfrutarás de las relaciones. Es muy bonito servir al otro, ayudarle y acompañarle siempre que se haga desde el amor. Pero cuando nuestro valor personal varía en función de la aprobación de otro, esto es un error y se convierte en un problema.

Cuando se anteponen las necesidades ajenas a la propia suele haber un sentimiento de apego y de temor a posibles consecuencias como por ejemplo: que nos dejen de querer, que no nos acepten o que nos expulsen del grupo.

La gente que hay en tu vida y merece la pena se quedará contigo aunque no puedas ayudarles tanto como antes, comprenderán que necesitas tu espacio y cuidarte, al fin y al cabo somos personas y comprendemos muy bien que los demás necesitan descansar. Pero es posible, que algunas personas se distancien, si así ocurre significa que vuestro vínculo dependía de tu disponibilidad, por tanto sólo había un interés detrás.

Invierte tu tiempo con gente que merezca la pena, que te haga reir, que te proponga nuevos retos y confíe en que lo vas a lograr. Personas con un corazón bonito, que sepan ayudarte y compartir palabras de aliento cuando lo necesites. Las relaciones son recíprocas.

5. Abraza y besa

Cuando nos besamos y nos abrazamos se activa un universo químico y hormonal en nuestro cerebro que potencia nuestro bienestar emocional.

Los estudios han demostrado que los besos ayudan a mejorar el estado de ánimo, reduce el estrés y la ansiedad, promueve una autoestima sansa, además alivia el dolor y mejora nuestro sistema inmune.

Conozcamos un poco más sobre ese universo químico cerebral. Todos estos beneficios se dan gracias a la activación de la oxitocina, la hormona de la felicidad. Cuando se activa la oxitocinadisminuye la producción del cortisol (la hormona del estrés) y activa la producción de serotonina y dopamina. Estas dos hormonas promueven una sensación de calma, reduce el estrés y ayuda a tener mejor la actitud ante la vida.

Esta hormona se activa cuando besamos, abrazamos, al recibir una palmadita en el hombro o una palabra cariñosa.

Te propongo lo siguiente:

- Si tienes a tu lado a alguien a quien besar y abrazar, deja de leer y práctica. Pon a prueba este consejo. Experimenta de forma consciente si cambia algo en ti.

¿Ya? ¿Y bien? ¿Sientes ese calorcito en tu corazón? ¿Te ha hecho sonreír?

Objetivo cumplido.

La vida está hecha de momentos. Tú decides la actitud. Tú decides qué hacer para sentirte mejor. Eres creador de tu presente.

Patricia María.

Directora. Psicología y Bienestar Emocional.Psicóloga infanto-juvenil y adultos.Especializada en mejorar tu calidad de vida.

CONCLUSIONES

En una mentalidad cerrada, donde AÚN EN MI GENERACIÓN, y con personas con las que convivía, la mujer teníamos poco que decir.

Si ya teníamos trabajo y ya habíamos formado una familia para qué crecer más. Nos educaron para ser madres y esposas.

En esa dualidad, quise aunar y crear mi propia mentalidad: **familia+profesión+vivir la vida = felicidad. Y no fue fácil. Ni posible.**

MI PATRÓN y no el que me delegaron. Y en ese descubrir, mis EMOCIONES no sabían qué era lo que debía o tenía que hacer. Dónde estaba la esposa, la madre, la hija, la mujer o la persona. Más allá de sentir la responsabilidad de salvar el mundo en el que yo vivía, habría muy muy dentro, una voz interior. La mía.

Seguramente, alguna vez hayas llegado a ese punto y decirte a ti mismo que por encima de tantas responsabilidades te gustaría decidir por quien eres independientemente de tu rol. Sin condicionantes.

Pero inmediatamente piensas "qué egoísta, así no puedo ser". Y otras veces, sin planteártelo, surge otro pensamiento: "pues yo quiero ir a tal sitio con tal persona". Y se va repitiendo constantemente.

¿Qué significa?: significa... estar y no estar.

Es la esencia de tu persona la que está surgiendo.

Pero las circunstancias tapan esa esencia debido a las responsabilidades, rol de padres, jefes, hijos, parejas, etc., etc., que nos limitan y nos coartan esa libertad del ser.

<u>Y en esa libertad... elegimos no ser.</u>

¿Te ha pasado esto alguna vez?

....

¿Te suele ocurrir a menudo?

....

¿Qué te gustaría hacer que no haces?

....
....
....

¿Qué sentimientos te produce pensar que quieres hacer algo y no puedes?

....

....

....

Y ahora, cierra los ojos.

Imagínate que puedes hacer todo aquello que deseas.

Que no tienes condicionantes que te limiten.

Piénsalo. Vívelo. Haz que sea real en tus pensamientos.

Pon esta música, Cántala y siéntela...

https://youtu.be/H_AnFBzwHZo ENIGMA RETURN TO INNOCENCE

"AMOR.

Devoción.

Sentimiento.

Emoción.

No tengas miedo por ser débil.

No seas tampoco orgulloso por ser fuerte.

Solo mira dentro de tu corazón, amigo.

Ese será el regreso a ti mismo.

El regreso a tu inocencia.

Si deseas, empieza a reír.

Si debes, comienza a llorar.

Sé tú mismo, no te escondas.

Ese es el regreso a ti mismo.

Ese no es el principio del fin.

Es el principio de tu inocencia.

El regreso a ti mismo."

¿Cómo te has sentido?

. . . .
. . . .
. . . .

Es tu Esencia. Vívelo cuantas veces quieras porque en tus pensamientos nadie entra.

En este segundo libro, he querido centrarme en el **PODER** mental, como aliado de la **SALUD.**

Sanando Emociones

Hemos tratado:

El PERDÓN

El RESPETO

El BIENESTAR

LA COMUNICACIÓN

El CONOCIMIENTO

LAS TERAPIAS

LA ESENCIA DEL SER

LAS EMOCIONES

EL AMOR

Es importante **que sepamos vivir esas emociones** que dependiendo de cómo las vivamos, podrían desencadenar ciertos tipos de diagnósticos.

Si sabemos de antemano descubrir el origen, quizás estemos avanzando y acortando los períodos de malestar.

Porque el **PROPÓSITO** de esta vida que Dios nos ha regalado es el **BIENESTAR**, o sea **ESTAR BIEN** exterior e interiormente, no lo olvides, y en ese camino hemos de reconducirnos cada vez que algo nos saque de esa zona que nos debilite.

No soy médico, hablo desde mi experiencia personal, que como saben los médicos que en este libro colaboran, trabajé emocionalmente para sanar junto a los tratamientos que me recetaban.

Aun así, solía darle la vuelta, como hace poco traté en una conversación con el Dr. Blanco: "tú primero averiguaste el origen, estuviste alerta para no agrandarlo, hiciste el tratamiento médico junto a los cambios que debías hacer, surgieron otros cambios y aprendiste a reconocer aquello que entra en ti que no te pertenece, una dolencia, un síntoma... y sabes cómo pararlo...".

Profesionalmente, las presiones también juegan su papel cuando tenemos que decir "sí o sí", cuando tenemos que callar, cuando hay que resolver conflictos de equipo, cuando los horarios incompatibles hacen abordar momentos de ansiedad...

Lo éxitos que vengan luego, compensarán económica y emocionalmente, por supuesto, pero tu cuerpo empezará a guardar MEMORIA...

OJO. ADELANTATE. NO ALBERGUES ESA MEMORIA.

PARA MEMORIA Y RECUERDOS, ¡¡¡SOLAMENTE LOS BONITOS!!!

Ahora da igual de dónde venga, a lo que me haya dedicado, porque mi firme propósito, lejos de llamar la atención, es compartir aquello que aprendí, para dejar este legado de

SUPERACIÓN, **DIGNIDAD**, JUSTICIA, SALUD EMOCIONAL y llamada a todos a ser **FACILITADORES**.

Todo ello es lo que en el fondo trato en esta trilogía y para ello han colaborado médicos, abogados y psicólogos.

Que la Vida solo se vive una vez, que no nos vamos a llevar nada, y a veces se nos olvida.

Desde mi experiencia y desde mi humildad, quiero ayudar a otras personas que puedan verse reflejadas.

Ha sido un trabajo de recopilación y documentación para darte lo mejor más allá de mi piel.

TE PRESENTO A LAIN GARCÍA CALVO

<u>*¿Y qué puedo contarte sobre Lain?*, *Mentor y autor del Best Seller "La Voz de Tu Alma"*</u>

Como te comenté en el Propósito de este Libro, conocí a Lain a través de un video que me impactó.

Comencé a escucharlo y más tarde a leerlo a través del primer libro que da nombre a la saga "LA VOZ DE TU ALMA", LUEGO "UN MILAGRO EN 90 DÍAS", "TU PROPÓSITO",... así hasta leerme su saga que aún hoy sigo en sus presentes libros.

Te invito desde ya que lo sigas en su web canal de *YouTube* www.laingarciacalvo.com

Más que libros son manuales, de reflexión y de poner a la práctica, donde he comprobado un beneficio en mí, sobre todo en mi seguridad y Fe, para también expandirlo hacia mi alrededor.

De no ser por haberlo conocido, y de no ser por haber empezado a oír la voz de mi Alma, estaría buscando qué hacer para seguir viviendo con ilusiones, teniendo que inventar humo para vender en esta sociedad donde somos números y si encima tienes ya los cincuenta años de edad, ya descartan de tus experiencias por mucho que sepas o seas experto en la materia que tú creas.

"No vengas a hablarme de derrotas" es una frase de la declaración que Lain expone continuamente. En el momento que la leí, se me quedó dentro de mí, queriendo borrar el miedo, el victimismo, los momentos pasados de desolación y soledad también, teniendo que avanzar para bien de mis hijos.

Aún la Fe que tenía desde siempre me reforzó en tantas reflexiones ante la mirada con que Lain nos hace entender la FE propiamente dicha y apoyándose en la palabra de Jesús de Nazaret. Es más fácil entender que nada hay imposible y que esa IMPARABILIDAD es algo más que un movimiento: es una manera de VIVIR continuamente en la Esperanza, en la FE y en la Victoria que todo llegará si sigues esa Voz y si eres un fiel incasable.

Es por ello, que las palabras de Lain García Calvo, en su libro "Tu Propósito de Vida" de la saga "la Voz de Tu Alma", las quiero compartir para ti:

"La diferencia entre las simples metas y el propósito es que con las metas te sirves solo a ti, pero con el propósito sirves a la humanidad. Un propósito es una meta puesta al servicio de la humanidad. ¿Y cómo creas abundancia con este propósito? Muy fácil, sirviendo a más personas a través de él" Lain García Calvo

La vida es una. Avancemos con un Propósito

MI TERCER LIBRO: ÉXITOS

Y ya te invito al Tercer libro. Tras superar desafíos profesionales, personales y de salud, nos enfrentaremos al RENACER y al mensaje que se puede alcanzar aquello que anhelas. "Contando Sueños" es un reflejo de momentos en los que estás perdido y cómo personas que están ya en la cúspide, en sus sueños, lo han logrado. No fue nada fácil. Eso ya te lo digo.

Entre palabras, recuerdos, emociones invisibles, y esperanzas preciosas, quiero llegar a ti, porque sé que el camino es angosto, cuando enfocamos la atención en los avatares, pero yo te invito porque LO HICE Y LO SUPERÉ ¡¡a la subida de esa duna que nos lleva a vistas espectaculares!!

Viviremos el inicio de los empresarios desde la nada. Con testimonios de personas que comienzan de cero y contrastándolos con esas vivencias de diseñadores, cantantes, mentores, budistas, abogados, misioneros,... que están disfrutando de su Propósito.

¡¡ Y AHORA AYÚDAME A AYUDAR!!

¿Te gustaría contribuir?

Hazte Embajador de "Más Allá de Tu Piel" y ayúdanos en una Causa muy, muy, muy especial.

Una vez más quiero agradecerte que hayas llegado hasta aquí, el punto más importante de toda la Trilogía.

Porque el 10% de todos los beneficios que genere esta Trilogía se recaudará para una querida Misión al Norte de Kenia.

Rosa Prieto Rguez (Rosa Prieto Draw) en su generosidad ha cedido sus ilustraciones para que este libro sea ameno y ella también te anima a ser parte de este Proyecto de contribución.

Rosa, con 23 años es autodidacta desde los 15 años, y sabe lo que es sacar adelante un Sueño, con medios escasos, pero la ilusión y la pasión hace que se esté especializando en nuevas técnicas de ilustración digital y 3D, aportando una sensibilidad que podrás seguir en su canal de YouTube Rosa Prieto Draw, siempre dispuesta a dar lo mejor de sí misma para bien de los demás.

 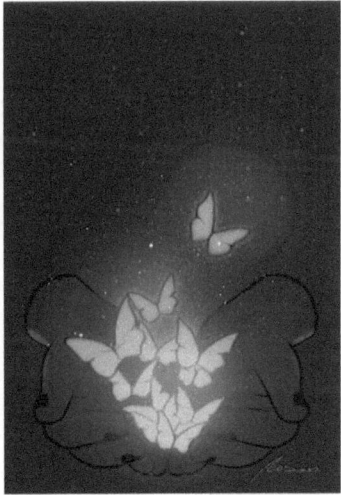

Te conté que en mi adolescencia estuve trabajando de voluntaria en Misiones y quise quedarme. Quizás no fue el momento, y jamás me he olvidado de ellos y AHORA la vida me ofrece de nuevo esta oportunidad para quizás, ayudarles de un modo más eficaz.

Quiero que estos niños coman cada día, vayan a la escuela, y algún día puedan tener dignamente, lo que todos tenemos, al menos, una oportunidad de vida. "VIVIR, VENDER, BRILLAR", lo hace posible para ellos.

Cuento contigo.

"Señor, ¿cuándo te vimos hambriento o sediento, o como forastero, o desnudo, o enfermo, o en la cárcel, y no te servimos?"

El entonces les responderá diciendo:

"En verdad os digo que en cuanto no lo hicisteis a uno de los más pequeños de estos, tampoco lo hicisteis conmigo".

Jesús de Nazaret

Como autora, de esta trilogía te animo a seguirnos en próximas conferencias, talleres y obras como continuidad del aprendizaje personal, profesional y saludable con un fondo de desarrollo y crecimiento en Valores para seguir haciendo juntos un Mundo Mejor. "Más allá de Tu Piel" construye FUTUROS SOSTENIBLES.

Podrás seguir mis eventos, talleres, conferencias en

www.melyrrelinque.com

Y en mis siguientes libros "Sanando Emociones", "Contando Sueños"... y más novedades.

Escríbeme a formacion@melyrrelinque.com y envíame una foto con mis libros para enviar a estos niños y difundir en mi web.

masalladetupiel@melyrrelinque.com

GRACIAS

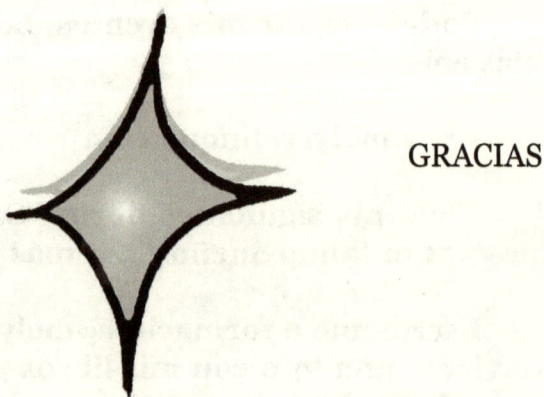

GRACIAS

GRACIAS

www.ingramcontent.com/pod-product-compliance
Lightning Source LLC
Chambersburg PA
CBHW030240170426
43202CB00007B/66